KB142864

이성의 시대

# France

### AD 1660 - 1800

타임라이프 세계사 16 _ 프랑스

# 이성의 시대

# France

## AD 1660 - 1800

타임라이프 북스 지음 | 이충호 옮김

## :: 차례

이성의 시대

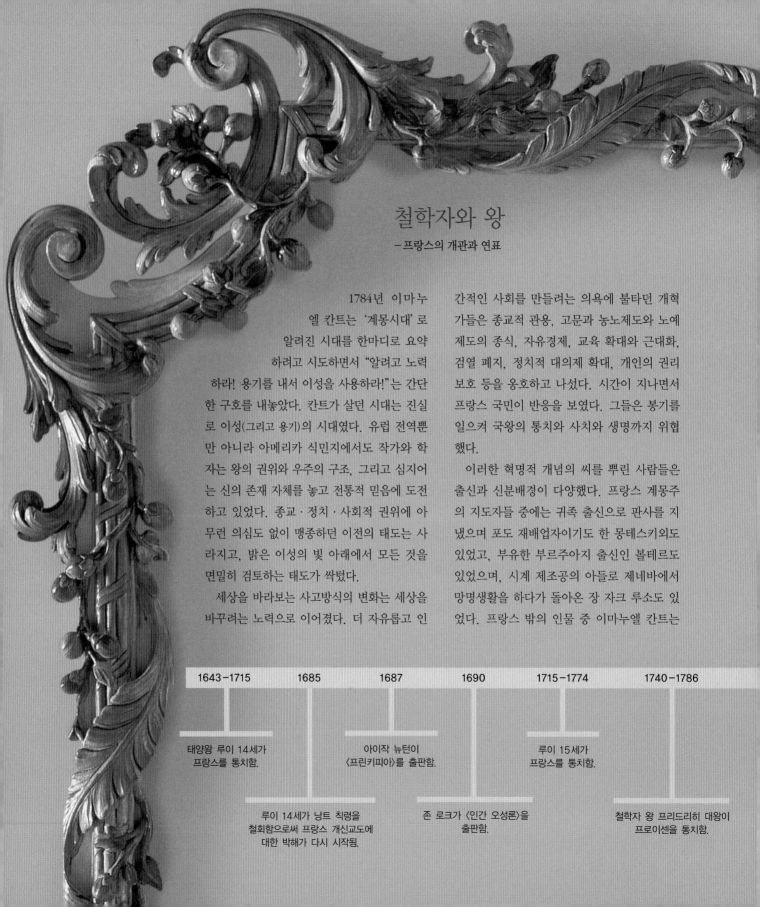

# 철학자와 왕

## -프랑스의 개관과 연표

1784년 이마누엘 칸트는 '계몽시대'로 알려진 시대를 한마디로 요약하려고 시도하면서 "알려고 노력하라! 용기를 내서 이성을 사용하라!"는 간단한 구호를 내놓았다. 칸트가 살던 시대는 진실로 이성(그리고 용기)의 시대였다. 유럽 전역뿐만 아니라 아메리카 식민지에서도 작가와 학자는 왕의 권위와 우주의 구조, 그리고 심지어는 신의 존재 자체를 놓고 전통적 믿음에 도전하고 있었다. 종교·정치·사회적 권위에 아무런 의심도 없이 맹종하던 이전의 태도는 사라지고, 밝은 이성의 빛 아래에서 모든 것을 면밀히 검토하는 태도가 싹텄다.

세상을 바라보는 사고방식의 변화는 세상을 바꾸려는 노력으로 이어졌다. 더 자유롭고 인간적인 사회를 만들려는 의욕에 불타던 개혁가들은 종교적 관용, 고문과 농노제도와 노예제도의 종식, 자유경제, 교육 확대와 근대화, 검열 폐지, 정치적 대의제 확대, 개인의 권리 보호 등을 옹호하고 나섰다. 시간이 지나면서 프랑스 국민이 반응을 보였다. 그들은 봉기를 일으켜 국왕의 통치와 사치와 생명까지 위협했다.

이러한 혁명적 개념의 씨를 뿌린 사람들은 출신과 신분배경이 다양했다. 프랑스 계몽주의 지도자들 중에는 귀족 출신으로 판사를 지냈으며 포도 재배업자이기도 한 몽테스키외도 있었고, 부유한 부르주아지 출신인 볼테르도 있었으며, 시계 제조공의 아들로 제네바에서 망명생활을 하다가 돌아온 장 자크 루소도 있었다. 프랑스 밖의 인물 중 이마누엘 칸트는

| 1643-1715 | 1685 | 1687 | 1690 | 1715-1774 | 1740-1786 |
|---|---|---|---|---|---|
| 태양왕 루이 14세가 프랑스를 통치함. | | 아이작 뉴턴이 〈프린키피아〉를 출판함. | | 루이 15세가 프랑스를 통치함. | |
| | 루이 14세가 낭트 칙령을 철회함으로써 프랑스 개신교도에 대한 박해가 다시 시작됨. | | 존 로크가 〈인간 오성론〉을 출판함. | | 철학자 왕 프리드리히 대왕이 프로이센을 통치함. |

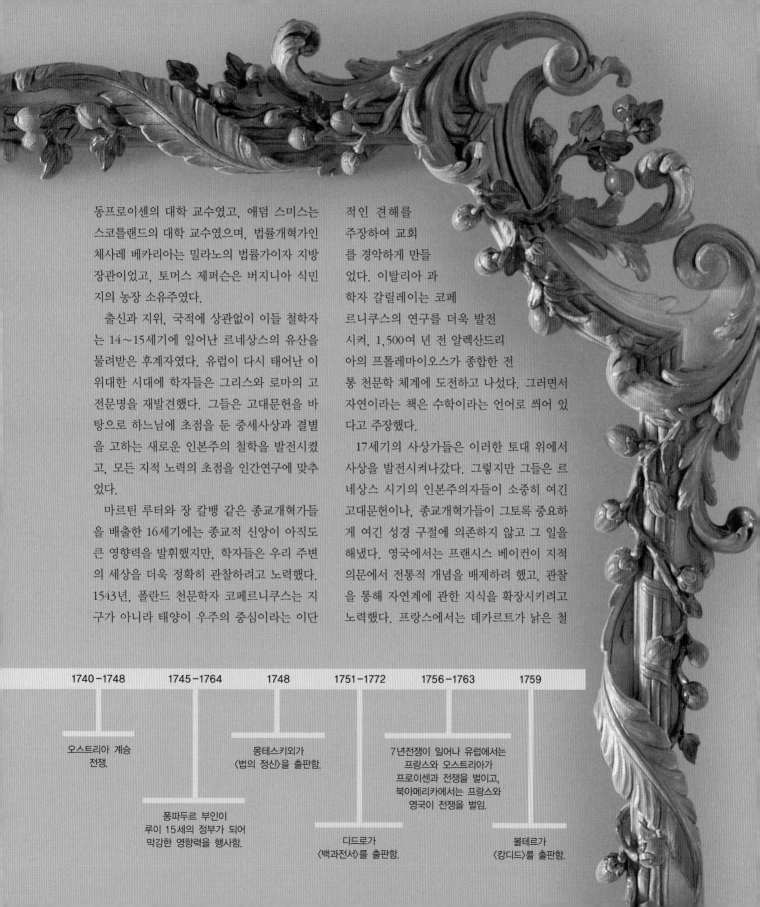

동프로이센의 대학 교수였고, 애덤 스미스는 스코틀랜드의 대학 교수였으며, 법률개혁가인 체사레 베카리아는 밀라노의 법률가이자 지방 장관이었고, 토머스 제퍼슨은 버지니아 식민지의 농장 소유주였다.

출신과 지위, 국적에 상관없이 이들 철학자는 14~15세기에 일어난 르네상스의 유산을 물려받은 후계자였다. 유럽이 다시 태어난 이 위대한 시대에 학자들은 그리스와 로마의 고전문명을 재발견했다. 그들은 고대문헌을 바탕으로 하느님에 초점을 둔 중세사상과 결별을 고하는 새로운 인본주의 철학을 발전시켰고, 모든 지적 노력의 초점을 인간연구에 맞추었다.

마르틴 루터와 장 칼뱅 같은 종교개혁가들을 배출한 16세기에는 종교적 신앙이 아직도 큰 영향력을 발휘했지만, 학자들은 우리 주변의 세상을 더욱 정확히 관찰하려고 노력했다. 1543년, 폴란드 천문학자 코페르니쿠스는 지구가 아니라 태양이 우주의 중심이라는 이단적인 견해를 주장하여 교회를 경악하게 만들었다. 이탈리아 과학자 갈릴레이는 코페르니쿠스의 연구를 더욱 발전시켜, 1,500여 년 전 알렉산드리아의 프톨레마이오스가 종합한 전통 천문학 체계에 도전하고 나섰다. 그러면서 자연이라는 책은 수학이라는 언어로 씌어 있다고 주장했다.

17세기의 사상가들은 이러한 토대 위에서 사상을 발전시켜나갔다. 그렇지만 그들은 르네상스 시기의 인본주의자들이 소중히 여긴 고대문헌이나, 종교개혁가들이 그토록 중요하게 여긴 성경 구절에 의존하지 않고 그 일을 해냈다. 영국에서는 프랜시스 베이컨이 지적 의문에서 전통적 개념을 배제하려 했고, 관찰을 통해 자연계에 관한 지식을 확장시키려고 노력했다. 프랑스에서는 데카르트가 낡은 철

**1740-1748**
오스트리아 계승 전쟁.

**1745-1764**
퐁파두르 부인이 루이 15세의 정부가 되어 막강한 영향력을 행사함.

**1748**
몽테스키외가 〈법의 정신〉을 출판함.

**1751-1772**
디드로가 〈백과전서〉를 출판함.

**1756-1763**
7년전쟁이 일어나 유럽에서는 프랑스와 오스트리아가 프로이센과 전쟁을 벌이고, 북아메리카에서는 프랑스와 영국이 전쟁을 벌임.

**1759**
볼테르가 〈캉디드〉를 출판함.

학적 주의를 합리적 분석에서 도출한 지식으로 대체하여 세계를 이해하는 새로운 체계를 세웠다.

영국의 존 로크는 거기서 한 걸음 더 나아갔다. 로크는 진정한 이해는 데카르트의 주장처럼 본래적인 것이 아니라고 가정했다. 곧 인간의 마음에 본래 프로그래밍되어 있는 것이 아니라, 감각의 증거에서 나온다고 가정했다. 이것은 아주 중요한 의미를 지닌 개념인데, 인간의 지식과 믿음은(따라서 인간의 행동도) 외부의 자극에 대한 반응이라고 전제하기 때문이다. 로크의 연역논리를 확대함으로써 교육과 법률 또는 사회적 개혁을 통한 환경변화로 새로운 종류의 인간을 만들 수 있다는 결론이 나왔다.

로크의 견해는 유럽 전체에 크나큰 영향을 미쳤고, 18세기 내내 큰 쟁점이 되었다. 같은 시대에 산 아이작 뉴턴의 연구 역시 큰 영향을 미쳤다. 뉴턴은 1665년 관찰과 수학적 분석을 통해 태양계가 동일한 만유인력의 법칙에 따라 움직인다는 것을 증명했다. 나무에서 떨어지는 사과뿐만 아니라, 태양 주위를 도는 행성도 만유인력의 법칙을 따른다.

뉴턴은 우주에서 발견한 그러한 규칙성을 신의 섭리라고 보았다. 그렇지만 갈릴레이와 데카르트의 주장과 그의 이러한 견해는, 지구를 우주의 중심으로 여기고 인간의 구원을 그 존재이유로 삼고 있던 기독교 우주관에 치명타를 가했다. 무한히 광대한 우주 속에서 인간의 위치가 보잘것없는 것으로 전락할지 모른다고 인식한 철학자들은 존재의 본질에 대해 다시 생각하기 시작했다. 그들은 유익한 진리로 인도하는 것은 종교나 교리, 계시가 아니라, 과학과 이성, 관찰이라는 신념을 갖고 그렇게 했으며, 사후의 삶보다는 지상에서의 삶에 더 무게를 두었다.

철학자들이 내린 일부 결론에 대해 뉴턴은 아마도 큰 충격을 받았을 것이다. 그러나 그의 발견에 뒤이어 과학이 크게 발전하면서 이제 종교는 뒤안길로 물러났다. 철학자들은 이 시기를 계몽주의 시대 또는 빛의 세기라 불렀다.

이러한 계몽주의 정신과 용감하게 지식을 추구하는 분위기는 다른 어느 곳보다도 18세기 유럽의 최강대국이었던 프랑스에서 가장 강렬하게 분출했다. 다음 장에서 보겠지만, 그 당시 프랑스는 부르봉 가의 왕들이 통치하고 있었다. 루이 14세 시절에는 절대군주제가 절정에 이르렀고, 루이 15세의 통치기간은 18세기 전체를 거의 다 차지했으며, 절대왕권을 주장한 루이 16세는 결국 비극적인 결말을 맞이한다.

루이 16세 통치 말기에 변화의 압력을 거스를 수 없게 되자, 대신들은 군주제의 완전한 붕괴를 막기 위해 일련의 개혁조처를 취하기 시작했지만, 그들은 뒷일을 제대로 수습할 능력이 없었다.

1789년, 왕이 소집한 의회가 돌연히 국가의 이름으로 권력을 장악하면서 개혁은 혁명으로 폭발했다. 프랑스 혁명은 철학자들이 주창한 이성과 자유, 평등이라는 개념에 큰 영향을 받아 인권선언을 내걸면서 시작되었다.

그러나 왕을 처형하고, 이웃 국가들과 전쟁을 벌이고, 프랑스 국경 안에서 탄압의 강도를 높이면서 혁명이 급진적인 방향으로 돌변하자, 빛의 세기는 공포정치로 변했다. 절대군주제를 무너뜨리고 탄생한 공화국은 권력의 기반을 굳건히 하지 못해 무너지고, 나폴레옹 보나파르트가 황제로 등극한다. 이로써 계몽주의 시대는 끝나고, 혁명과 전쟁의 시대가 시작된다.

| 1781 | 1787–1789 | 1789 | 1793 | 1793–1794 | 1799–1815 |
|------|-----------|------|------|-----------|-----------|

군주제 파산을 막기 위해 프랑스 정부가 온갖 노력을 펼침.

루이 16세와 마리 앙투아네트가 처형됨.

나폴레옹 보나파르트가 프랑스를 통치함.

이마누엘 칸트가 〈순수 이성 비판〉을 출판함.

프랑스 혁명이 시작되고 인권선언이 발표됨. 라부아지에가 〈화학 요론〉을 출판함.

공포정치 시대.

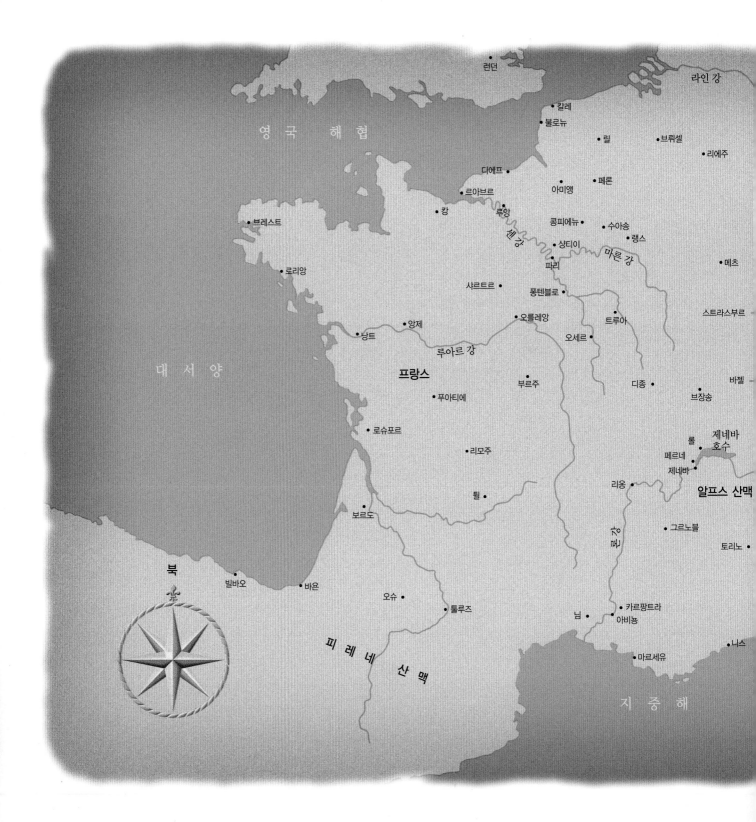

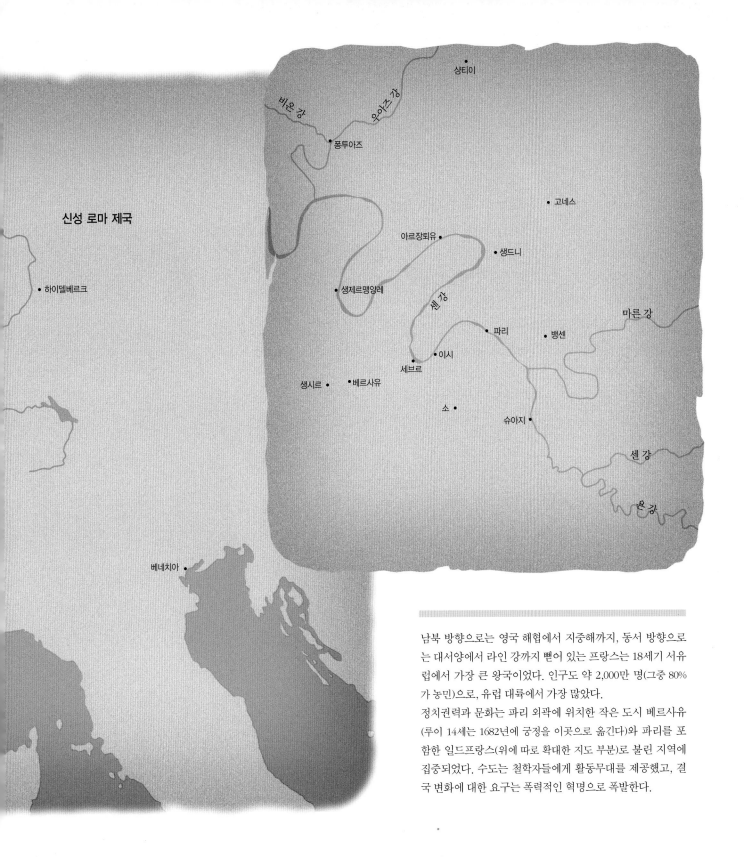

신성 로마 제국

하이델베르크 •

베네치아 •

상티이

비온 강   우아즈 강

• 퐁투아즈

• 고네스

아르장퇴유 •   • 생드니

• 생제르맹앙레

센 강

마른 강

• 파리   • 뱅센

• 이시

세브르

생시르 •   • 베르사유

소 •   슈아지 •

센 강

온 강

남북 방향으로는 영국 해협에서 지중해까지, 동서 방향으로
는 대서양에서 라인 강까지 뻗어 있는 프랑스는 18세기 서유
럽에서 가장 큰 왕국이었다. 인구도 약 2,000만 명(그중 80%
가 농민)으로, 유럽 대륙에서 가장 많았다.
정치권력과 문화는 파리 외곽에 위치한 작은 도시 베르사유
(루이 14세는 1682년에 궁정을 이곳으로 옮긴다)와 파리를 포
함한 일드프랑스(위에 따로 확대한 지도 부분)로 불린 지역에
집중되었다. 수도는 철학자들에게 활동무대를 제공했고, 결
국 변화에 대한 요구는 폭력적인 혁명으로 폭발한다.

## ESSAY _ 1 | 태양왕

루이 14세는 72년에 걸친 재위기간 동안 프랑스에 절대군주제를 확립하려고 노력했다. 1643년 4세 때 왕위에 오른 그는 1661년부터 완전히 권력을 행사하게 되었다. 그때부터 그의 왕국에서 일어나는 일은 아무리 하찮은 것이라도 그의 관심과 간섭에서 벗어날 수 없었다. 1715년에 사망할 때까지 루이 14세는 전쟁에서 종교, 공공사업, 패션에 이르기까지 프랑스 영토에서 일어나는 모든 일을 완전히 장악하려고 했다.

루이 14세는 난장판으로 변한 도시에서 벗어나기 위해, 또 프랑스의 사회적·정치적 권력을 자기 주위에 집중시키기 위해 궁정을 파리에서 베르사유로 옮겼다. 건축가와 실내장식가, 조경사는 50년이라는 긴 시간과 막대한 비용을 들여 베르사유를 역사상 가장 우아한 정부 중심지로 변모시켰다. 그곳에서 루이 14세는 단지 통치만 한 것이 아니라, 유례없는 연회문화를 조성했고, 그 다음 100년 동안 프랑스를 유럽의 문화중심지로 우뚝 서게 만들었다.

루이 14세는 통치기간에 나라의 발전을 위해 많은 일을 했다. 그러나 계몽주의가 유행한 데에는 그의 독재와 방탕한 생활에 대한 반감도 일부 작용했다. 많은 사람들이 그의 방종한 생활을 비난했지만, 뒷날 볼테르는 "그의 이름을 발음할 때에는 저절로 존경심이 우러나오고, 영원히 기억할 만한 시대라는 이미지가 떠오른다"고 말했다.

자신을 우주의 중심으로 동일시한 루이 14세는 베르사유 궁전(오른쪽) 전체에서 태양(왼쪽)을 자신의 개인적 상징물로 삼았다. 이 사치스러운 궁전은 아버지의 사냥터에 지은 것이다. 1701년에 이아신트 리고가 그린 초상화(아래)는 늙은 왕의 다리를 아름답게 묘사하고 있다. 루이 14세는 발레를 20여 년간 연구했으며 궁중무용에 일가견이 있었다.

# | 왕의 사생활

아버지 루이 13세가 죽은 뒤, 어린 루이 14세는 섭정을 하는 어머니 안 아래서 자랐다. 명목상으로는 신성한 프랑스 왕이었지만, 루이 14세를 양육하고 돌보는 일은 하인들에게 맡겨졌다. 그러나 하인들은 어린 루이 14세를 정성껏 돌보지 않았고, 한번은 혼자 걸어다니는 걸 방치하는 바람에 루이 14세는 연못에 빠져 익사할 뻔한 적도 있다.

루이 14세는 에스파냐 왕의 딸인 마리 테레즈와 결혼하기(이 결혼은 한동안 양국 간의 평화를 보장해주었다) 전 여러 차례 사랑에 빠졌다. 사랑이 없는 결혼이었지만, 두 사람 사이에 여섯 자녀가 태어났는데, 그 중 단 한 명만 어른이 될 때까지 살아남았다. 장남인 그 아이는 도팽(dauphin), 곧 왕세자로 불렸고, 그의 손자는 훗날 루이 14세를 계승해 왕위에 오른다.

베르사유에서 루이 14세의 일상생활은 대부분 공적인 업무로 채워졌지만, 그런 와중에도 매일 한두 시간은 짬을 내 혼외정사를 즐기곤 했다. 그의 애인들은 비록 유쾌하진 않았겠지만, 왕이 다른 여성과 바람을 피우는 것을 받아들일 수밖에 없었다. 관리의 딸인 루이즈 드 라 발리에르는 루이 14세와 마찬가지로 승마를 좋아했는데, 최초의 공식적인 정부가 된다. 그리고 지적이고 매력적인 몽테스팡 후작 부인이 그 뒤를 이었다. 두 여인은 루이 14세의 자녀를 많이 낳았는데, 왕은 그 아이들을 아주 마음에 들어했고, 결국 그 아이들을 모두 자신의 적출로 인정했다.

루이 14세와 가장 오랫동안 사랑을 유지한 사람은 몽테스팡 후작 부인이 낳은 자녀들의 가정교사이던 맹트농 부인이었다. 루이 14세는 왕비가 죽은 뒤에 맹트농 부인과 비밀리에 결혼까지 했다. 그전에 두 정부가 왕비와 함께 루이 14세와 같은 방에 자리한 적이 있는데, 왕비가 앉아 있는 계단 쪽으로 가던 맹트농 부인이 후작 부인 앞을 지나며 "당신은 내려가는군요. 나는 올라가는데"라고 빈정댔다고 한다.

루이 14세와 그의 가족을 우의적으로 묘사한 그림. 루이 14세는 어머니(한가운데) 오른쪽에 다리를 꼬고 앉아 있다. 그의 동생과 처제는 왼편 끝부분에 앉아 있고, 왕비 마리 테레즈는 그의 왼편에 앉아 있다. 위의 세 초상화는 위에서 차례대로 루이 14세의 정부인 맹트농 부인과 루이즈 드 라 발리에르, 그리고 가장 사랑하는 아들을 낳은 몽테스팡 후작 부인이다.

## 베르사유의 영광

"매일같이 댄스와 발레, 희극, 온갖 종류의 음악······ 산책, 사냥을 비롯해 그밖의 여흥들이 이어졌다." 장 밥티스트 콜베르는 베르사유 궁전에 대해 이렇게 썼다. 루이 14세의 재정총감이었던 콜베르는 베르사유 궁전의 즐거움에 대해 이야기한 게 아니다. 그는 궁전과 그곳에 사는 사람들에게 들어가는 막대한 비용에 대해 항의를 표시한 것이었다.

선전과 홍보의 달인이었던 왕은 생각이 달랐다. 수천 명을 수용할 수 있고, 비교할 수 없을 정도로 사치스러운 유리와 태피스트리, 대리석과 레이스가 가득 찬 빛의 세계는 자신과 프랑스의 명성을 유럽 전역에 떨치리라고 계산했다. 곧 유럽 각국의 왕들이 베르사유를 찾아와서는 유럽 대륙에서 가장 아름다운 곳에 자리잡고 있는 눈부신 궁전을 보고는 경탄을 금치 못했다.

그러한 사치를 감당하는 비용은 고스란히 농민에게 지워졌는데, 루이 14세는 방탕한 생활에 대한 백성의 분노를 막기 위해 재정기록을 모두 파기했다. 그러나 궁전에 설치된 1,500여 개의 분수에 사용되는 물은 파리 시 전체 사용량보다 많았고, 정원사들은 왕이 똑같은 경치를 두 번 보지 않도록 화단을 바꾸곤 했다.

신사와 숙녀가 대결하는 이 중세식 마상 무술시합의 주제는 '사랑은 모든 것을 정복한다'였다. 며칠 동안이나 계속된 베르사유의 유명한 연회는 전 유럽 사람들을 경탄케 만들었다.

루이 14세가 발레에서 태양신 아폴론으로 분장하고 춤을 추고 있다. 직접 공연하는 걸 좋아한 그는 고전무용을 널리 확산시키는 데 큰 역할을 했다.

루이 14세가 궁전에 딸린 들에서 사슴, 이리, 멧돼지를 사냥하고 있다. 사냥은 그가 가장 좋아하던 오락거리였다.

말년에 휠체어를 탄 왕과 그 일행이 산책을 나왔다가 아폴론 분수와 그랑 카날 ('대운하'란 뜻) 옆에서 잠깐 걸음을 멈추었다.

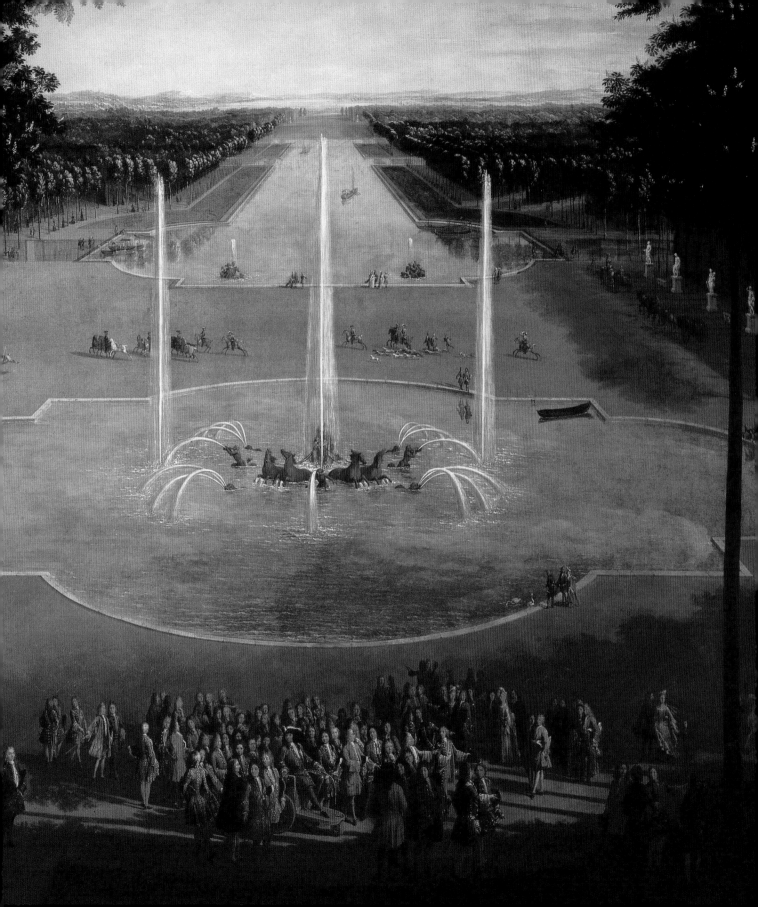

# | 예술과 과학의 후원자

루이 14세는 여론을 바꾸고자 했는데, 그것은 단지 자신이 만든 새로운 수도에 대한 평가뿐만이 아니었다. 그는 프랑스의 역사와 문학, 예술, 과학에도 큰 영향을 미치고 싶어했다. 이를 위해 그는 왕실 후원제도를 사용해 그 시대의 문화계와 지성계의 유명인사들을 궁정에 예속시켰다. 예를 들어, 어떤 화가가 국가로부터 연금을 받기 시작하면, 왕은 그 화가가 그리는 작품의 양식과 소재까지 결정할 수 있었다.

이 제도는 창조적인 노력을 장려하고 촉진하는 효과도 있었던 것으로 보인다. 루이 14세의 통치기간은 프랑스 문화가 활짝 꽃핀 시기와 일치하기 때문이다. 베르사유 궁전을 건설하는 데 쏟아부은 막대한 자금은 그 시대의 위대한 천재들에게 돈걱정 없이 재능을 마음껏 발휘할 수 있게 해주었다. 그러한 천재 중에는 건축가 루이 르 보, 화가 샤를 르 브룅, 조경사 앙드레 르 노트르, 조각가 프랑수아 지라르동 등이 있었다. 대문호인 몰리에르와 라신은 희곡을 썼고, 장 밥티스트 륄리는 궁정의 여흥을 위해 프랑스 오페라를 만들었다.

루이 14세는 후원제도를 베르사유 궁전에만 국한시키지 않았다. 그는 전장에 나갈 때 화가와 역사학자를 대동해 후세를 위해 자신의 행동을 기록하게 했다. 그리고 파리에 온갖 종류의 지식과 정보를 연구하고 퍼뜨리기 위해 아카데미(그중에는 무용, 과학, 건축, 음악을 연구하는 것도 포함되었다)를 여럿 세웠는데, 여기에는 왕의 영광을 높이려는 목적도 있었다.

고블랭 공장을 방문한 루이 14세를 묘사한 태피스트리. 고블랭 공장은 베르사유 궁전에 필요한 가구를 생산하기 위해 정부에서 세운 공장이다.

1667년, 루이 14세의 훌륭한 신하인 장 밥티스트 콜베르 (앙리 테스틀랭이 그린 이 그림에서 왼쪽에 서 있는)가 새로 설립된 과학 아카데미의 회원들을 왕에게 소개하고 있다.

이탈리아 조각가 조반니 베르니니가 루이 14세의 흉상 제작을 맡은 것은 문화의 중심지가 이탈리아에서 프랑스로 옮겨가는 신호탄이었다.

# "짐은 곧 국가다"

루이 14세는 통치기간 내내 자신이 한 유명한 말, "짐은 곧 국가다(L'état, c'est moi)"를 구현하기 위해 노력했다. 22세 때 주권이 자기에게만 있다고 선언한 그는 54년 뒤 죽을 때까지 그 목표를 거의 다 이루었다.

로마 가톨릭 교도로서 신앙의 수호자로 자처한 루이 14세는 스스로를 신의 대리인으로 여겼고, 비신자를 죄인이자 반역자로 치부했다. 온갖 형태의 반란을 진압하고자 한 루이 14세는 처음에는 프랑스 개신교도를 개종시키려고 노력하다가 끝내 개종을 거부한 사람들을 강압적으로 추방했고, 그 과정에서 위그노 교회 600~700군데를 파괴했다.

강력한 통치자 루이 14세는 자신이 직접 재상 역할까지 하면서 국내와 국외에서 프랑스를 대표했다. 그는 국가수반이자 외무대신, 관료들의 최고책임자로 행세했다.

'승리의 전사' 루이 14세는 원정에 나선 병사들을 따라나서면서 사기를 북돋웠다. 그러나 그가 끝없이 개입한 전쟁은 프랑스의 재정을 파산상태로 몰아넣었다. 임종 무렵, 그는 과거를 돌아보면서 장차 루이 15세가 될 증손자에게 이렇게 말했다. "이웃들과 평화를 유지하도록 노력하거라. 나는 전쟁을 너무 좋아한 것 같구나. 그것과 나의 낭비벽은 닮지 말거라. 가능한 한 빨리 백성의 짐을 덜어주고, 불행히도 내가 할 수 없었던 일들을 하거라."

낭트 칙령을 철회하는 루이 14세를 신앙의 수호자로 묘사한 그림. 낭트 칙령은 개신교도에게 제한적으로 종교적 관용을 허용한 칙령이다.

말에 올라탄 루이 14세에게 명성의 여신이 월계관을 씌워주는 장면을 묘사한 그림. 오른쪽 그림은 루이 14세가 신성한 승리의 전사라는 이미지를 부각시킨다.

거울의 방에서 열린 융숭한 만찬 자리에서 페르시아 대사가 강력한 통치자를 알현하고 있다. 그 옆에서 장차 루이 15세가 될 아이가 지켜보고 있다.

# 1

:: "우리 다음에야
    대홍수가 닥치건 말건"

베르사유 궁전 안 황금빛으로 빛나는 방에서 어린 소년 루이는 주먹을 꽉 쥐고 입을 벌리더니 구슬프게 울기 시작했다. 눈에서 눈물이 쏟아져나오며 뺨에 은빛 자국을 남겼다.

슬픔에 잠긴 다섯 살배기 소년은 문 옆에서 근엄한 표정으로 자신을 내려다보고 있는 남자들을 흘끗 바라보았다. 그들은 프랑스에서 가장 높은 귀족인 왕족과 공작이었지만, 소년에게 최상의 경의를 표시하는 절을 했다. 그들 뒤에는 서로 밀치면서 목을 길게 뽑고 서 있는 신하들이 보였다. 맨 앞에는 종조부인 오를레앙 공이 소년이 울음을 멈추길 기다리고 있었다. "전하," 오를레앙 공이 낮은 목소리로 말했다. "이제 그만, 전하……."

그 말에 소년은 또 한바탕 왈칵 눈물을 쏟았다. 아직 어린아이였지만, 소년은 이 생소한 호칭이 무엇을 의미하는지 알고 있었다. 늙고 병든 증조할아버지가 몇 달 동안 병상에 누워 있다가 마침내 세상을 떠난 것이다. 이제 오돌오돌 떨고 있는, 태양왕과 같은 이름을 가진 이 가냘픈 소년이 프랑스의 새 국왕, 루이 15세가 된 것이다.

이미 운명(홍역과 홍역보다 더 치명적인 결과를 초래한 의사의 처방으로 다가온)은 소

1715년에 그려진 이 초상화에서 대관식 의상을 입은 소년 왕 루이 15세가 의젓하게 왕의 포즈를 취하고 있다. 비록 5세밖에 안 된 이 고아는 수줍음이 많고 허약했지만, 살아남아 거의 60여 년 간 프랑스를 통치한다. 그리고 한동안은 '친애왕 루이'라는 별명으로 불린다.

년에게서 어머니와 아버지, 형을 앗아갔다. 만 2세 때, 루이는 왕위 계승자가 되어 있었다. 증조할아버지는 어린 고아가 자라는 것을 주의 깊게 지켜보다가 죽음이 다가오자 소년을 자신의 후계자로 지명했다. 그러나 72년이라는 나이 차와 당시의 관습 때문에 두 사람은 친밀하게 지낼 수가 없었다. 애정과 따뜻한 보살핌을 갈구하던 어린 루이는 가정교사 방타두르 공작 부인에게 의지했다. 그녀만큼 루이 가슴에 가까이 와 닿은 사람도 없었다. 심지어 그녀를 '엄마'라고 부를 정도였다.

방타두르 부인을 만난 것은 행운이었다. 루이가 부모의 목숨을 앗아간 것과 똑같은 병에 걸렸을 때, 방타두르 부인은 무자비하게 피뽑기와 하제를 사

루이 15세가 성년이 되기 전 8년 동안 오를레앙 공 필리프가 섭정이 되어 섭정단과 함께 프랑스를 통치했다. 아래 그림은 섭정단 회의가 열리는 장면을 그린 것이다. 그러나 실제로 섭정단 회의는 의례적인 것이었을 뿐, 실질적인 권한은 섭정이 행사했다.

용하는 왕실 주치의의 손아귀에서 루이를 빼앗아왔다. 루이가 목숨을 건질 수 있었던 것은 순전히 주치의의 치료법을 불신한 방타두르 부인 덕분이었다. 방타두르 부인은 루이의 건강을 지키는 것을 신성한 의무처럼 여겼다. 그녀는 루이의 운동과 음식을 감독했고, 날씨에 맞추어 옷을 가볍게 입히거나 따뜻하게 입혔고, 일상생활의 모든 것에 세심한 주의를 기울였다.

루이 14세의 마지막 유언에 따라 방타두르 부인은 후계자인 루이에게 왕으로서 처신하는 법도 가르쳤다. 그녀는 세 가지 황금률을 강조했다. 곧 하느님을 섬기고, 고귀한 신분에 합당한 위엄과 품위를 지키고, 진짜 감정을 무표정한 얼굴 뒤에 숨기라고 했다. 어린 루이는 그 가르침을 잘 받아들였다.

새 왕이 성인이 될 때까지는 종조부인 오를레앙 공이 섭정으로 나라를 다스리게 되어 있었다. 그렇다고 해서 루이가 왕이 져야 할 책임을 완전히 면제받은 것은 아니었다. 루이 14세가 죽은 지 불과 11일 뒤인 1715년 9월 12일, 루이는 처음으로 귀족들 앞에 공식적으로 나타나 섭정의 권한을 인정하고, 새 왕의 자리에 취임했다.

근엄한 표정의 어린 소년은 옥좌에 이르는 긴 계단을 오를 때 한 걸음도 발을 헛디디지 않았다. 그 뒤를 시종장인 라트레무알 공이 왕의 긴 옷자락을 들고 따랐다. 옥좌에 앉은 루이는 이렇게 말했다. "짐은 경들을 신뢰한다는 뜻을 전하기 위해 이 자리에 섰소. 재상이 내가 결정한 바를 알려줄 것이오."

꼬박 한 시간 동안 어린 왕은 조바심내지 않고 조용히 앉아 있었고, 자기 앞에 서 있는 어떤 고관보다도 주의 깊게 귀를 기울이는 것처럼 보였다. 가끔 방 안의 열기와 옷의 무게를 이기지 못해 방타두르 부인이 들고 있던 손수건에 손을 뻗어 얼굴을 닦고는 다시 돌려주었다.

섭정은 자신이 왕의 의식 형성에 큰 영향을 미친다는 사실을 인식하고, 어린 왕에게 국정회의에 참석하라고 권했다. 루이는 수줍어하면서 애완 고양이(대신들은 그 고양이를 왕의 '친구'라고 불렀다)를 껴안고 회의에 참석했다. 루이는 대신들이 자기 이름으로 나라를 다스리는 걸 지켜보면서 고양이의 털을 쓰다듬으며 조용히 앉아 있었다.

열세 번째 생일을 맞이한 루이는 정식으로 왕관을 쓸 만큼 충분히 자랐다고 여겨졌다. 1722년 10월 25일, 랭스 성당에서 성대한 대관식이 거행되었고, 넉 달 뒤에는 파리 고등법원의 판사와 변호사들 앞에서 엄숙한 성년식이 열렸다. 그리고 섭정은 물러났다. 공식적으로 그의 임무는 끝났다. 그러나 루이의 대신들과 섭정 위원들은 왕의 사촌인 부르봉 공의 지시를 받으며 막후에서 여전히 프랑스를 지배했다. 그때 21세이던 부르봉 공은 야심이 많았으며, '머슈 르 뒤크(Monsieur le Duc: 대공 각하)'라는 별명으로 불렸다.

청소년기의 루이는 가장 가까운 친척에게도 속을 쉽게 드러내지 않았다. 종조모인 오를레앙 공작 부인은 "우리 왕은 인물도 좋고 쾌활한 젊은이죠. 그렇지만 너무 말이 없어요. 잘 아는 사람이 아니면 절대로 속내를 드러내지 않거든요"라고 말했다.

왕의 속마음이야 알 길이 없다 하더라도, 그밖의 것은 그렇지 못했다. 그의 일상생활은 일거수일투족이 공개적인 구경거리였다. 심지어 침실용 변기까지 공개적인 논의의 주제가 된 적도 있었다. 예를 들면, 왕이 변비를 심하게 앓는다든가 하면 온 궁정이 신경을 쓰지 않을 수 없었다. 왕실 주치의가 완하제를 처방해 '멋진 배출'에 성공했다고 발표하면 모두가 환호를 보냈다.

아침에 일어나 손 씻는 것에서부터 잠자리에서 기도드리는 것에 이르기까지 깨어 있는 동안은 내내 우아한 예법에 따라 행동해야 했다. 수줍음을 많이 타는 루이에게 이러한 엄격한 일상은 안전한 장소인 동시에 감옥으로 여겨졌다.

왕이 하루 중 첫 번째로 맞이하는 공식 일과는 기침이다. 시종장이 침실 커튼을 열면, 왕이 일어나 아침을 맞이하고, 고관들이 왕의 침전으로 들어와 (엄격하게 서열순으로) 하례를 드린다.

왕의 침전은 웅장한 만큼 외풍이 심해, 왕이 이곳에서 잠을 자는 일은 거의 없다. 대신에 좀 작지만 훨씬 편안한 방에서 잠을 잔다. 루이는 때로 아침 일찍 일어나 시종을 깨우지 않고 자기가 직접 불을 피우곤 했다. 깜짝 놀란 한 귀족에게 루이는 "그 불쌍한 사람들의 잠을 깨우고 싶지 않소. 그렇지 않아도 나 때문에 늘 잠도 제대로 자지 못하지 않소?"라고 말했다.

가끔 시종을 다룰 때 파격적인 행동을 보였을지 모르지만, 루이는 항상 궁중의 법도를 따랐다. 그래서 정해진 시간이 되면 늘 공식적인 침전으로 가서 자리에 누워 침실 커튼을 닫았다. 그리고 나서 왕의 하루 일과를 시작하는 기침의식을 치렀다.

왕이 공식적으로 기침할 때면, 문이 열리면서 대공(전왕의 직계 후손)과 일부 친지들이 들어온다. 왕이 발을 바닥에 대는 것은 시종장더러 다가오라는 신호다. 그 다음으로 높은 귀족은 왕이 옷을 제대로 걸칠 때까지 기다려야 한다. 왕이 의자에 앉아 머리를 빗고 분을 바를 때에야 비로소 나머지 신하들이 침전 안으로 들어올 수 있다.

왕의 식사는 사실상 모든 사람이 보는 가운데 이루어진다(아주 가까운 몇몇 친구와 함께 비공식적인 저녁식사를 할 때를 제외하곤). 왕은 1인분만 차려진 식탁에서 수십 명의 눈이 쳐다보는 가운데 아침과 점심 식사를 한다. 기도할 때에는 시종들을 거느리고 왕실 예배당으로 가서 하는데, 이곳에서는 미사 자체만큼이나 신경 써야 하는 복잡한 의식을 따라야 한다.

밤이 되면 왕의 하루 일과 중 마지막 의식인 쿠셰르(coucher)를 행한다. 이것은 왕이 잠자리에 드는 의식인데, 어디까지나 공식적인 의식일 뿐 실제로 그대로 잠을 자는 것은 아니다. 아침과 마찬가지로 침전에 들어가 왕을 뵙는 것은 모든 사람이 간절히 열망하는 특권이다. 침전 안에서 가능하면 왕과 더 가까운 자리에 서려고 온갖 술수를 부리는 사람들간에는 평생 동안 씻을 수 없는 원한이 싹트기도 한다. 그러나 대공들과 특별한 직책을 가진 일부 관리

(시종장, 시종장, 의복 담당 수석보좌관)만이 왕에게 잠옷을 건네줄 자격이 있는 것으로 간주되었다.

그렇지만 모두가 가장 욕심낸 것은 왕을 위해 촛대를 들고 침대로 가는 길을 밝히는 특권이었다. 침전에서 모두가 물러난 뒤에 오직 이 영예를 얻은 사람(이것은 매일 밤마다 그때 그때 선택된다)만이 왕 곁에 머물 수 있었다. 약삭빠른 신하라면 이 기회를 놓치지 않고 왕에게 강한 인상을 심어주거나, 다른 신하들과는 전혀 다른 이야기를 하거나 하여 왕의 환심을 살 수 있었다. 왕은 개인적으로 잘 아는 사람에게만 그 일을 맡겼으므로, 야심 있는 귀족이라면 누구나 그 일을 탐냈다.

일단 촛불이 꺼지고 촛불을 든 사람이 물러가면, 루이는 싸늘한 침전을 떠나 더 안락한 곳으로 향한다. 그곳은 프티 아파르트망(petits appartements)이라 불리는 곳으로, 50여 개의 방과 일곱 개의 욕실이 있으며, 초대받은 극소수 손님에게만 개방된다. 그러나 궁전 속의 궁전도 더 은밀한 사생활을 보장받길 원한 루이의 마음에는 차지 않았다. 통치기간에 그는 베르사유 궁전의 북쪽 익벽 전체를 개조해 비밀통로와 계단, 은밀한 정원, 사색과 휴식 및 밀회를 위한, 작지만 화려하게 치장된 방들로 이루어진 구역을 만들었다.

그러나 그러한 노력에도 불구하고, 루이는 자신의 일거수일투족을 뒤쫓는 사람들의 눈에서 완전히 벗어날 수 없었다. 어린 소년의 티를 벗고 잘생긴 청년으로 성장하자, 신하들은 루이의 성적 취향이 어떻게 발달해가는지 깊은 관심을 가졌다. 루이가 겨우 14세 되었을 때, 머슈 르 뒤크와 그의 정부이던 프리 후작 부인은 매력적인 여성을 많이 소개하며 왕의 관심을 유도했다. 그러나 루이는 그들의 유혹에 넘어가지 않았다. 프리 후작 부인은 이에 굴하지 않고 젊은 왕의 신붓감을 물색하는 데 골몰했다. 왕의 행복을 위해 그렇게

베르사유를 방문한 한 독일인이 '유럽에서 가장 잘생긴 왕'이라고 표현한 루이 15세 곁에는 늘 많은 정부가 있었다. 그러나 그는 가족에게 충실했다. 그 독일인은 "그의 행동과 감정은 정숙한 사람과 별다를 바 없었다"고 덧붙였다. 비록 연애를 즐겼지만, 루이 15세는 많은 귀족들이 누리던 향락주의적 생활방식을 따르지는 않았다.

1748년에 그린 마리 레슈친스카 왕비의 초상화. 마리 레슈친스카는 루이 15세의 자녀를 10명이나 낳았다. 그러나 그녀는 루이 15세보다 일곱 살이나 많았고, 무척 평범하고 신앙심이 깊어 왕의 관심과 애정을 계속 얻지는 못했다. 왕비는 대부분의 시간을 바느질과 기도, 자선사업 후원 등으로 보냈다.

열심히 뛴 데에는 다른 동기가 있었다. 만약 루이가 후사를 남기지 않고 죽는다면, 왕위는 자기 애인의 최대 적수인 오를레앙 공(사망한 섭정의 아들)에게 넘어가게 돼 있었다. 그래서 프리 부인은 오를레앙 가로 왕위가 넘어가는 사태를 막기 위해 얼른 루이를 결혼시켜 되도록이면 많은 아들을 낳게 하려고 했다.

얼마 후, 아주 이상적인 신붓감이 눈에 띄었다. 폐위된 폴란드 왕 스타니수아프의 딸 마리 레슈친스카로, 당시 21세였다. 비록 그 아버지는 정치의 소용돌이에 휘말려 희생양이 되긴 했지만, 마리는 순수한 왕족 혈통을 갖고 있었다. 유럽에는 프랑스 왕비 자격을 갖춘 공주들이 많았지만, 결함이 전혀 없는 후보는 없었다. 개신교도이거나, 프랑스의 앙숙인 오스트리아와 가까운 가문 출신이거나 그 어머니가 딸만 낳았다거나 등등 어딘가 결함이 있었다.

마리 레슈친스카는 지성이나 외모 면에서는 크게 내세울 것이 없었다. 실제로 베르사유 궁전을 장식한 밝고 아름다운 그림들과는 대조적으로 그녀는 우둔하고 촌스러워 보였다. 그렇지만 그녀는 장점도 많았다. 상냥하고 예절바르고 충실했으며, 신앙심이 독실했다. 게다가 프리 부인의 구미에 맞는 장점이 한 가지 더 있었다. 만약 왕비가 된다면, 마리 레슈친스카는 자신을 아주 고맙게 여길 것이라고 판단한 것이다. 왕위에서 쫓겨나 궁핍하게 살고 있던 왕의 딸이 루이 15세와 결혼한다는 것은 감히 꿈도 꿀 수 없는 일이었다. 만약 그 꿈이 이루어진다면, 그녀는 자신을 프랑스 왕비로 만들어준 사람의 은혜를 평생 잊지 않을 것이다.

머슈 르 뒤크와 프리 부인의 권고를 받아들여 루이는 결혼에 동의했다. 이것은 외교적 문제를 낳았는데, 그 당시 루이는 7세인 에스파냐 공주와 정혼한 상태였기 때문이다. 15세인 루이는 결혼 적령기에 이르렀지만, 어린 약혼

## 거울의 방

베르사유 궁전 한가운데에 있는 거울의 방은 세계 최고의 건축물 중 하나로 꼽힌다. 루이 14세 때 설계된 이 방은 세 구역으로 이루어져 있다. 한쪽 끝에는 전쟁의 방, 반대쪽 끝에는 평화의 방이 있고, 그 사이에 75m 길이의 대리석 아케이드가 두 방을 연결하고 있다. 12m 높이의 아치형 천장은 대관식과 조약 체결, 군사적 승리를 묘사한 그림들로 장식돼 있다. 왕의 역사가였던 극작가

라신은 그 그림들을 '사슬처럼 죽 연결돼 있는 놀라운 사건들' 이라고 불렀다. 방 한켠에는 아치 모양의 커다란 창 17개가 궁전의 웅장한 정원과 분수를 내려다보고 있는데, 그 풍경은 맞은편 벽에 붙어 있는 베네치아 거울(양쪽에 곁창이 둘 있는 창)에 아름답게 반사된다.

낮 동안 거울의 방은 사람들의 활동으로 부산했다. 궁전 안의 먼 장소로 가기 위해 고관들을 실은 세단 의자(두 사람이 나르던 1인용

가마)가 방을 가로질렀다. 궁정 일을 맡은 관리들도 아케이드를 따라 분주히 오갔다. 왕의 공식적인 침전은 거울의 벽 바로 뒤에 있었는데, 왕은 매일 거울의 방에 드나들었다. 왕은 이곳에서 영국, 에스파냐, 스웨덴 등에서 온 대사를 영접하고, 터키나 페르시아, 샴처럼 먼 곳에서 온 대표들도 만났다.

그러나 서쪽을 향한 17개의 창 밖으로 해가 지고 밤이 되었을 때,

비로소 거울의 방은 왕실의 결혼 피로연이나 국가적 연회 또는 가장무도회 등이 열리는 장소로 그 진가를 발휘했다. 천장에는 크리스털 샹들리에가 늘어져 있고, 시종 조각상이 떠받치고 있는 나뭇가지 모양 촛대에 꽂힌 수천 개의 촛불이 온 방을 환히 밝혔으며, 거울에 반사된 그 빛은 환상적인 효과를 발휘하며 프랑스 왕과 왕비에게 걸맞은 장관을 연출했다.

녀는 아직 결혼하기에 너무 일렀다. 그러나 왕의 건강이 언제 나빠질지 알 수 없었기 때문에 머뭇거릴 시간이 없었다. 후계자를 확보하기 위해서라면 에스파냐와의 불편한 관계쯤이야 얼마든지 감수할 수 있었다.

***

*"프랑스 국민 중 10분의 9는 굶주려서 죽고,*
*10분의 1은 소화불량으로 죽는다."*

결혼식은 1725년 9월 5일, 파리 남쪽으로 56km쯤 떨어진 퐁텐블로 궁전에서 열렸다. 신부는 모자라는 외모를 화려한 의상으로 보충했다. 머리에는 다이아몬드 왕관을 쓰고, 목에는 케이프를 두르고, 산족제비 가죽 레이스가 달린 자줏빛 벨벳 치마와 보석이 무지개처럼 반짝이는 보디스(장식이 달린 베스트)를 입었다. 그렇지만 보석의 양이나 크기로 본다면, 루이의 의상이 왕비를 압도했다. 양단 혼례복의 황금 실 사이로 작은 다이아몬드들이 반짝였고, 흰 깃털 장식이 달린 모자에서는 커다란 다이아몬드가 광채를 발했다.

결혼 피로연과 성대한 불꽃놀이가 끝난 뒤 신랑과 신부는 침전으로 갔다. 잠자지 않고 근무하는 시종들은 황금빛 문 뒤에서 일어날 일에 대해 온갖 상상을 하며 밤을 보냈다. 여태껏 여성의 매력에 둔감하기로 유명했던 왕이 과연 첫날밤을 무사히 치를 수 있을까? 다음날 아침, 사람들 앞에 나타난 루이는 눈에 광채가 돌았다. 그는 인생의 새로운 재미를 발견한 것 같았다. 머슈르 뒤크와 프리 후작 부인은 안도의 한숨을 내쉬었다.

왕조를 이어가기 위한 수단으로 볼 때, 그 결혼은 분명히 성공이었다. 10여 년에 걸쳐 마리는 아들 둘(그토록 고대하던 후계자와 예비 후계자까지)과 딸 여덟을 낳았다. 그러나 침실 밖에서 루이와 마리는 공통점이 거의 없었다. 루이는 재치 있는 대화와 샴페인을 곁들인 저녁식사, 미술, 음악을 좋아하고,

밤에는 파리로 가 극장에서 밤을 보내곤 하는 관능적인 사람이었다. 마리는 비록 실제 나이는 많지 않더라도 행동거지는 나이 먹은 티가 나는 친구들과 함께 집에서 조용히 밤을 보내길 좋아했다. 날카로운 칼처럼 베고 써는 궁중의 대화는 그녀의 취향에 맞지 않았다. 그녀는 잡담이나 단순한 카드 게임을 좋아했고, 조금 더 열정적인 활동이라야 여러 악기를 퉁기거나 부는 게 고작이었다. 그녀의 자선행위와 상냥한 성격을 흠잡을 사람은 아무도 없었지만, 그녀의 아버지조차 "딸과 함께 있으면, 미사에 참석한 것처럼 하품이 나온다오"라고 실토한 적이 있다.

두 사람은 완전히 다른 행성에서 살아가는 것처럼 보였다. 1730년대 말에 이르러 두 사람의 육체적 관계는 끝났다. 오랜 기간에 걸쳐 연속적인 임신과 출산, 유산에 지친 왕비는 점점 루이가 자기 침실에 오는 것을 환영하지 않게 되었다. 루이는 이러한 상황 변화를 무덤덤하게 받아들였다. 그도 마리에 대한 열정이 식은 지 이미 오래된 터였다.

프랑스 왕에게 결혼생활에 대한 충실성은 기대되는 덕목이 아니었고, 왕의 정부는 궁정에서 일상적으로 눈에 띄는 존재였다. 그렇지만 루이는 처음에는 혼외정사를 은밀히 했고, 자신이 잘 아는 사람들 범위 밖으로 벗어나려 하지 않았으며, 그럴 필요도 없었다. 처음으로 그와 관계한 정부들은 모두 마이넬이라는 한 귀족가문의 자매들이었다. 한동안은 그중 두 명(마이 백작 부인인 루이즈와 그녀의 여동생인 펠리시테)이 사이좋게 왕의 총애를 함께 받았다. 질투심이 강했던 또 다른 여동생은 펠리시테를 "얼굴은 민태처럼 생겼고, 목은 황새 같고, 원숭이 냄새가 난다"고 말했다. 펠리시테가 임신하여 싸움에서 물러나게 되자, 왕은 그녀를 적당한 귀족과 결혼시켰다.

셋째인 아델라이드도 미인은 아니었다. 그렇지만 그녀는 재치가 뛰어났고, 다른 사람들의 말과 행동을 똑같이 흉내내는 재주가 있었다. 왕은 자신을 웃게 하는 사람을 좋아했기 때문에, 아델라이드를 총애했다. 그러나 아델라이드는 얼마 지나지 않아 자기만큼 똑똑하면서도 훨씬 예쁜 동생인 마리 안에게 밀리는 걸 느꼈다. 매력적이고 야심만만한 동생은 자기가 누리는 호강을 어느 누구하고도(자기 혈육이라 하더라도) 함께 나누려 하지 않았다. 마리 안에게 홀딱 빠진 루이는 자기하고만 관계를 하라는 그녀의 요구를 받아들였고, 샤토루 공작령을 선물로 주었다.

일단 후계자를 낳는 데 성공했고, 연애생활도 만족할 만한 수준으로 즐기게 된 루이는 다른 취미생활도 추구했다. 일이 없을 때면 자기 방에 있는 작은 작업실에서 상아를 새기거나 총애하는 신하를 불시에 방문하곤 했다. 심지어 궁전 지붕 위를 걸어 창문을 통해(한번은 굴뚝을 통해) 친구 방으로 들어가기도 했다.

틀에 박힌 궁정생활에서 벗어나 뭔가 색다른 것을 즐기고 싶을 때면 사냥파티를 조직했다. 루이가 가장 좋아한 사냥터는 파리 남쪽 센 강가의 세나르 숲에 있는 작은 성 슈아지였다. 루이는 이곳에 가장 좋아하는 남자와 여자 친구들을 데리고 왔다. 복장이나 예법 같은 것은 무시했다. 여자들은 베르사유에서라면 눈살을 찌푸리게 할 간단하고 편안한 옷을 입고 돌아다녔고, 왕이 직접 커피를 끓이기까지 했다. 편한 분위기를 유지하기 위해 주방에서 만든 음식도 기발한 기계식 운반용 손수레를 사용해 식당으로 날라 하인들의 눈과 귀를 의식하지 않고 마음대로 행동할 수 있었다.

슈아지에서의 휴식은 루이에게 탁 트인 야외에서 인생의 즐거움을 맛볼 수 있는 기회를 제공했다. 그는 가끔 강둑에 앉아 파리로 포도주와 생선을 실어 나르는 뱃사람들과 하루 종일 대화를 나누면서 보내곤 했다. 루이는 친근한 태도와 그들의 삶과 일에 관심을 보임으로써 그들을 감동시켰다. 전통적인 왕의 처신에서 일탈한 이러한 행동은 국민들 사이에서 그의 명성에 아무런 누도 끼치지 않았다.

그렇지만 사냥터에서 땀 흘리며 사냥하는 것보다 더 즐거운 것은 없었다.

많은 사냥 애호가들과는 달리 루이는 사냥을 하다가 농민의 밭을 손상시키는 일이 없도록 주의했다. 부주의하게 농작물을 짓밟은 사람은 다시는 사냥 파티에 초대받지 못했다. 조신들은 왕과 함께 나란히 말을 타고 달릴 수 있는 특권을 얻기 위해 애썼다. 관례에 따르면, 전통 있는 가문의 귀족만이 왕과 함께 사냥할 수 있었다.

루이는 호의를 베풀어 지역 유지도 구경꾼으로 사냥에 따라올 수 있도록 허락했다. 감사한 마음으로 사냥에 따라나선 그들은 자신들의 마차를 왕에게서 적당한 거리만큼 떨어지게 하여 존경을 표시했다. 그런데 한 사람만큼은 대담하게도 이러한 관례를 반복적으로 깼다. 그녀는 리본을 달고 속치마를 입은 디아나(사냥의 여신)처럼 말을 채찍질하며 숲 속에 난 길을 달리다가 항상 우연인 것처럼 왕의 눈앞에 나타나곤 했다.

호기심을 느낀 루이는 물어보았다. 그녀는 에티올 부인으로 부근에 사는 남자의 아내라고 했다. 그러나 화사하게 색칠한 마차에서 왕을 바라보는 그녀의 얼굴 표정에서는 기혼녀 같은 기미는 전혀 보이지 않았다. 두 사람 사이에는 아무런 대화도 오가지 않았으나, 루이는 그녀가 살고 있는 곳을 알아내 사냥에서 잡은 짐승을 선물로 보내기 시작했다.

얼마 지나지 않아 왕의 정부이던 샤토루 공작 부인도 자신의 영역을 침범한 여자가 세나르 숲에 살고 있다는 사실을 알게 되었다. 그래서 에티올 부인에게 숲에서 마차를 모는 행동을 그만두는 게 현명할 것이라는 메시지를 전달했다. 에티올 부인은 분별있게 자신의 말을 다른 곳으로 몰았다. 그러나 그녀는 때를 기다렸다.

한편 왕은 자신의 왕국이 안전하게 통치되고 있다고(가장 신뢰하는 대신인 앙드레-에르퀼 드 플뢰리 추기경의 손에서) 확신하여 자유로이 사냥을 하고, 그밖의 즐거움을 추구했다. 플뢰리는 1715년 왕의 고문으로 임명된 이래 베르사유의 심장부에서 자신의 지위를 활용하여 정치적 수완을 발휘했다. 대부분의 성직자를 삐딱한 눈으로 바라보던 볼테르조차 플뢰리 추기경만큼은 높이 평가했다. "그는 자신의 공을 자랑한 적도 없고, 다른 사람의 잘못을 비난한 적도 없으며, 궁정의 어떤 파벌이나 음모에도 가담하지 않았다."

볼테르마저 감명시킨 '그의 신중한 행동과 상냥한 성격'은 그의 전임자이자 적이었던 부르봉 공과는 아주 대조적이었다. 권력을 탐하고 권모술수에 능했던 부르봉 공은 1726년 플뢰리를 해임시키려고 시도했지만, 왕은 스승 편을 들었다. 루이가 미소를 지으며 머슈 르 뒤크에게 선물을 주고 저녁식사에 초대한 뒤, 갑자기 재상의 직책에서 해임하고 궁정에서 축출한다는 편지를 건네주었을 때, 공작 자신보다 더 놀란 사람은 없었을 것이다.

머슈 르 뒤크는 '봉인장(lettre de cachet)'을 받은 사람들보다는 운이 좋았다. 왕은 봉인장을 사용해 재판절차도 없이 마음내키는 대로 어떤 사람을 바스티유에 투옥할 수 있었다. 공작이 받은 벌은 그래도 가혹한 것이 아니었다. 자기 성인 샹티이로 추방당하는 것에 그쳤다. 그의 정부인 프리 부인 역시 궁정에서 추방되었다. 왕은 프리 부인에게 노르망디에 있는 그녀의 영지로 가라고 명했는데, 이는 두 사람이 또다시 음모를 꾸미는 것을 막기 위해 머슈 르 뒤크에게서 멀찌감치 떨어뜨려 놓으려는 것이었다. 왕의 결혼을 주선했던 후작 부인은 절망에 빠져 음독자살하고 말았다.

어떤 파벌에 속한 사람이건 베르사유 궁정에 드나드는 사람들은 모두 프리 부인의 절망을 충분히 이해할 수 있었다. 그들은 궁정에서 추방당하는 것을 죽음보다 더 가혹한 운명으로 여겼다. 프랑스의 상류귀족들은 궁전 안이나 그 근방에서 사실상 베르사유에서 살고 있었다.

이렇게 지배층을 한곳에 모아놓은 것은 전왕 시절에 의도적으로 추진한 정책의 소산이었다. 루이 14세는 귀족의 반란을 두려워하여 이전에 대귀족들이 통치하고 있던 지방에 중앙에서 임명한 관리들(지방장관이라 부르는)을 파견해 통치하게 했다. 그 대신 귀족들에게는 태양왕의 후광 아래 화려한 생활을 누

그림 한가운데에서 백마를 탄 루이 15세가 사냥개들에게 덫에 걸린 사슴을 공격하라고 지시하고 있다. 몸이 건강하고 튼튼했던 왕은 하루에 몇 시간씩 사냥을 하면서 사냥개와 말과 다른 사냥꾼들을 녹초로 만들곤 했다.

릴 수 있는 기회를 제공했다. 권력과 영향력은 이제 더이상 지방에서 나오지 않고, 베르사유의 복도에서 퍼져나갔다.

　루이 15세가 왕위에 오를 무렵, 궁정문화에 물든 사람들은 자신들과 주변 환경을 '서 페이 시(ce pays−ci)', 곧 '이 나라'라고 불렀다. 그곳은 몇 킬로미터나 되는 긴 복도, 금실로 수놓은 태피스트리, 화려한 벨벳 쿠션, 대리석 바닥 등으로 이루어진 우아한(그렇지만 때로는 신체적으로 불편한) 환경 속에 그곳만의 복잡한 규칙과 신비한 의식이 있는 정말 이국적인 땅이었다.

　숙녀의 실크 소매나 신사의 양단은 그 아래에 예리한 팔꿈치를 숨기고 있었다. 그들은 왕의 관심을 끌기 위해 왕 가까이 다가가려고 치열한 암투를 벌였는데, 승진을 하거나 청탁을 할 수 있는 다른 통로가 일절 없었기 때문이다. 혈연을 통해서건 공을 세워서건 자신이 얻은 지위를 절대 망각해서는 안 되었다. 궁정에서 팔걸이나 등받이가 없는 걸상이 아니라 정식 의자에 앉을 수 있는 권리, 심지어는 단순히 앉을 수 있는 자유마저도 순전히 지위에 달려 있었다.

그러나 루이 15세 때 외국에서 벌인 전쟁과 경기침체, 그리고 계속된 사치 생활로 인해 지배층은 대가를 치러야 했다. 귀족 계급은 전왕 시절처럼 호사스러운 생활을 하며 살아갈 수 없었다. 심지어 왕의 정부처럼 신분이 높은 사람도 어려워진 형편을 느낄 정도였다. 첫 번째 정부였던 마이 백작 부인은 얼마 안 되는 도박 빚을 갚는 것조차 힘들다는 사실을 깨닫게 되었다. 한 귀족은 그녀에 대해 "일찍이 이처럼 가난했던 적이 없었다. 슈미즈는 닳아서 여기저기 구멍이 났고, 하녀도 형편없는 옷을 걸쳤는데, 그야말로 궁기가 흘렀다"고 빈정거렸다.

귀족층은 가치가 떨어져가던 상품이었다. 봉건 영주의 후손으로 땅을 소유한 귀족들은 부유

추기경 복장을 한 앙드레 에르퀼 드 플뢰리 재상. 플뢰리는 1726년부터 1743년까지 사실상 프랑스를 통치했다. 능력 있고 우아한 행정가였던 그는 인플레이션을 잡고 교역을 확대하여 경제를 안정시켰다.

한 평민 출신으로 새로 작위를 얻은 사람들에게 점차 밀려났다.

이러한 변화의 시기를 관리하던 플뢰리 추기경은 개혁조처를 도입하여 변화과정에서 발생하는 긴장을 완화시키고자 했다. 권좌에 올랐을 때 그는 이미 70대였지만(그리고 보수적인 교회 인사 중 하나였지만), 전임자보다 훨씬 진보적인 사고를 갖고 있었다. 그는 머슈 르 뒤크가 도입했던 엄격한 검열법을 완화시켰고, 공작이 바스티유에 투옥했던 정치범들을 풀어주었다. 그는 또 불필요한 정부지출을 삭감하여 예산수지를 맞추려고 노력했다.

나라의 조세수입 중 대부분은 소비재에 매긴 세금에서 나왔다. 플뢰리는 세율을 높이는(그래서 이미 큰 고통을 겪고 있던 민중을 이반시키는) 대신 도로를 건설하고 화물선 수를 증가시켜 교역량을 늘리려고 노력했다.

플뢰리의 개혁조처에도 불구하고, 대다수 국민은 전체 수입 중 약 절반을 세금으로 **빼앗긴**다고 느꼈다. 다양한 종류의 직접세는 온갖 종류의 간접세(몇 가지만 예를 든다면, 소금·철·가죽·포도주·비누·담배 등에 세금이 붙었고, 심지어는 카드 게임을 하는 데에도 세금이 붙었다)로 대체되었다. 세금은 왕에게 바치는 것만 있는 게 아니었다. 성직자와 귀족에게 바쳐야 하는 것도 있었다. 도시의 장인과 농촌의 농민들은 세금의 대부분을 자신들이 부담한다는 사실을 알게 되었다. 귀족과 성직자는 옛날부터 내려오던 권리에 따라 재산과 수입을 낮게 평가받아 직접세를 일부 면제받았고, 세금도 훨씬 적게 냈다. 세금을 낼 재산이 가장 적은 사람들이 가장 큰 부담을 진 것이다. 나폴리 대사조차 귀족의 풍요로운 생활과 하류층의 궁핍한 생활 사이의 괴리에 깜짝 놀라 "프랑스 국민 중 10분의 9는 굶주려서 죽고, 10분의 1은 소화불량으로 죽는다"고 말했다.

파리의 거리와 커피하우스에서는 루이와 재상을 겨냥한 불만의 목소리가 높아가고 있었다. 어떤 사람은 "오, 사슴사냥을 위해 태어난 왕이시여, 그대는 평생 80대 노인 성직자의 노예로 살렵니까?"라고 시적으로 불만을 토로

했다. 플뢰리는 단지 정치가일 뿐만 아니라 성직자였기 때문에, 그의 개혁조처는 종교문제에는 미치지 않았다. 프랑스는 종교적 보수파와 정통이 아닌 얀센주의자 사이에 오랫동안 계속된 종교전쟁의 진통을 겪고 있었다. 얀센주의자들은 영적인 진리는 교황과 주교만이 독점적으로 다가갈 수 있는 영역이 아니라, 가톨릭 교도라면 누구나 다가갈 수 있다고 주장했다.

얀센주의는 많은 교구 신부뿐만 아니라 법률가, 상인, 장인 사이에서도 광범위한 지지를 얻었다. 반대파 진영에는 신앙심이 아주 독실한 왕비와 왕세자 같은 지배층의 유력인사들이 포함돼 있었다. 그리고 볼테르가 이끄는 새로운 철학적 자유사상가들이 또 다른 갈래를 이루었는데, 이들은 양진영을 모두 경멸했다. 그러나 그 당시의 질서는 종교적 다양성을 용납할 수 없었다. 개신교는 여전히 불법으로 규정되어 있었고, 법을 무시하는 사람들은 박해를 받았다(투옥되거나 갤리 선의 노예로 끌려가거나, 재산을 몰수당하거나, 자녀가 가톨릭 교도의 가정에 강제 입양되는 등등의).

교황은 자신의 권위를 수호하기 위해 얀센주의 교리 101개 조항을 비난하는 대칙서를 발표했다. 많은 얀센주의 성직자들은 그것을 받아들이려 하지 않았다. 1730년, 플뢰리 추기경은 왕을 설득시켜 고해성사는 대칙서를 받아들인 신부에게 해야 하며, 그렇게 하지 않은 사람은 임종시에 병자성사를 받지 못하도록 하는 법률을 반포하게 했다. 그러나 새로운 법률은 파리에서 의회를 장악하고 있던 얀센주의자와 루이 사이를 더 벌어지게 했다.

교회의 권위가 걸려 있지 않은 문제에서는 플뢰리는 되도록이면 전쟁보다는 평화를 선택했다. 그는 유럽을 분열시키고 있던 왕실간의 분쟁에 프랑스가 말려들지 않도록 왕을 말렸다. 그러나 1741년, 호전적인 귀족 일파(그 당시 왕의 총애를 잃은 마이 넬 자매가 이끌었다고 전한다)가 루이를 설득해 프로이센의 프리드리히 대왕이 오스트리아의 어린 황후 마리아 테레지아를 공격하는 원정에 동참하게 했다. 프리드리히는 마리아 테레지아가 오스트리아 황제 자리에 오를 자격이 없다는 것을 구실로 내세웠다. 그러나 프로이센과 프랑스는 전쟁에서 승리할 경우 오스트리아를 분할해 차지할 속셈이었다. 오스트리아 계승전쟁은 중간에 소강상태도 있었고, 단기간 효력을 발휘한 조약과 동맹들 사이에 주기적으로 일어난 배반 등으로 인해 7년 이상 끌었다. 전쟁에 반대했던 플뢰리는 자신의 충고에 귀기울이지 않는 젊은 왕의 태도에 분노하여 관직을 버리고, 이시에 있는 자기 성으로 돌아가 1743년 90세의 나이로 세상을 떠났다.

이제 33세가 된 루이는 왕위에 오른 지 20년이나 되었기 때문에 고문 없이도 충분히 나라를 통치할 수 있다고 생각했다. 그래서 플뢰리 자리를 대신할 사람을 뽑지 않겠다고 선언했다. 왕이 직접 재상 역할까지 하겠다고 나선 것이다. 자신감이 하늘을 찌를 듯했던 루이 15세는 전쟁에 발을 들여놓았다. 샤토루 공작 부인은 잔 다르크처럼 차려입고서(그렇지만 별로 성스러워 보이진 않았다) 루이 15세를 따라 전쟁터로 나아갔다.

메츠에 설치한 본영에서 루이는 고열로 앓아눕고 말았다. 며칠에 걸쳐 피를 뽑아내고 하제를 사용했지만, 그것은 오히려 병을 악화시키는 것 같았다. 지위에 민감한 측근들은 병실에 접근할 수 있는 권리를 놓고 싸움을 벌였다. 사람들은 만약 왕이 죽음이 임박했다고 느끼면, 불사의 영혼을 위해 병자성사를 받기 전에 간통을 회개하고 정부와의 관계를 청산할 것이라고 속삭였다. 공작 부인에게 충성을 바치고 그녀의 후원에 의존해 살아가던 사람들은 그럴 가능성에 몸서리쳤지만, 다른 파벌들은 그녀를 내치길 간절히 바랐다.

결국 교회가 위력을 발휘했다. 수아송 주교는 왕의 침대맡에서 루이에게 공작 부인을 추방하고 죄를 고백하라고 설득했다. 주교는 왕이 하는 말을 낱낱이 기록하여 그것을 왕국 내에 널리 알렸다. 의사가 왕의 몸 속에 있는 피를 거의 다 뽑아내려고 시도했는데도 왕은 회복했다. 온 나라가 환호했다. 그들은 군주에게 '친애왕 루이' 라는 새 별명을 지어주었다.

루이 자신은 안도하는 한편 분노도 느꼈다. 자신의 고백이 널리 알려진 것에 굴욕감을 느꼈다. 지금 그가 진정으로 뉘우치는 게 있다면, 그것은 바로 샤토루 공작 부인 문제에 대해 주교에게 굴복한 것이었다. 베르사유로 돌아오면서 왕비와 공식적으로 화해한 것은 형식적인 것에 지나지 않았다. 루이가 왕비를 찾아가 방문을 두드렸을 때, 왕비는 들은 척도 하지 않았다. 그렇다고 쫓아낸 정부와 재결합할 가망도 전혀 없었다. 추방된 지 넉 달 뒤인 1744년 12월, 샤토루 공작 부인은 폐렴으로 사망했다.

"꼭 정부가 있어야 한다면,
이보다 더 나은 여자도 없을 것이다."

샤토루 부인이 죽고 두 달이 지난 2월 어느 날 저녁, 루이의 하인들은 왕을 나무처럼 변장시키는 힘든 작업을 완료했다. 베르사유에서 열린 연회 중에서도 가장 규모가 크고 성대한 가장무도회를 위한 것이었다. 얼마 전 왕세자가 에스파냐의 공주와 결혼해 한 달에 걸친 결혼 축하연이 벌어지고 있었는데, 이 가장무도회는 그중에서도 가장 중요한 행사였다.

어린 신랑은 무도회를 싫어했지만, 아버지는 너무나도 좋아했다. 영빈관에서 열린 무도회에는 적절한 품위를 갖춘 의상을 입은 사람이면 누구나 참여할 수 있었다. 루이는 자신을 숭배하는 대중에게 둘러싸이는 걸 피하기 위해 묘안을 생각해냈다. 자신과 일곱 명의 신하를 모두 똑같이 생긴 여덟 그루의 주목으로 변장시킨 것이다.

변장 덕분에 루이는 음식이 차려진 가운데 음악이 흐르는 혼잡한 응접실 여섯 개를 아무 방해도 받지 않고 지나갔다. 이 방들에서는 보석으로 치장한 평민들이 꽃 파는 사람으로 분장한 공주들과 함께 가장 맛있어 보이는 연어

조각과 가장 큰 송어 라테 조각을 차지하기 위해 쟁탈전을 벌이고 있었다. 왕은 생쥐 냄새를 맡고 살금살금 다가가는 고양이처럼 거울의 방으로 향했다. 그리고 그곳에서 사냥감을 발견한 그는 그것을 덮쳤다.

그 여성은 사냥의 여신인 디아나로 분장하고 있었다. 루이는 그녀가 선택한 의상에 미소를 지었는지도 모른다. 그녀는 세나르 숲에서 자신을 홀렸던 에티올 부인이었기 때문이다. 대화에 열중하다가 두 사람은 가면을 벗었다. 두 사람 사이의 뜨거운 열정은 사람들의 눈길을 끌었다.

신하들은 깜짝 놀랐지만, 큰 호기심을 보였다. 왕의 정부는 왕 곁에 다가갈 수 있는 특권 때문에 왕국 내에서 막강한 권력을 휘두를 수 있었다. 정부는 대체로 지배층 출신이었고, 신하들에게도 그 편이 편했다. 그러나 새 정부가 된 여인은 이전의 정부들과는 달리 구귀족 출신이 아니라 파리의 부르주아지 출신이었다. 그녀의 아버지는 푸아송('물고기'란 뜻)이란 성을 가진, 잘 알려지지 않은 사업가였다.

그렇지만 잔 앙투아네트는 젊은 시절부터 늘 자신이 크게 될 팔자를 타고났다고 말하곤 했다. 그녀는 머리가 명석하고, 아름답다기보다는 예쁘고, 따뜻하고 정열적이고, 재치가 넘치고, 예술적 감각이 있고, 친절하고, 타고난 매력이 있었다. 아홉 살 때 한 점쟁이가 '장차 왕의 애인이 될 팔자'라고 예언했는데, 그녀는 그 말을 평생 잊지 않았다. 그녀는 그 예언을 공공연히 떠들고 다녔는데, 가족은 창피해하기보다는 재미있게 생각하여 그녀를 '작은 왕비'

란 뜻으로 '레네트(Reinette)'라 불렸다.

　아버지의 사업이 실패하고 나서 어린 레네트와 가족은 어머니의 애인이던 르 노르망 드 투르넴이 은밀히 지원해준 돈으로 근근히 살아갈 수 있었다. 투르넴은 스웨덴 대사를 지냈고, 푸아송보다 훨씬 신중한 투기꾼이었다. 투르넴은 레네트를 자기 조카와 결혼하도록 주선하기까지 했다. 에티올은 충실한 남편이었고, 레네트가 딸을 낳자 매우 기뻐했다. 그러나 왕의 그림자가 자신의 가정을 덮치자, 에티올은 내키지 않지만 어쩔 수 없는 운명에 순종했다.

　루이는 궁정에 적대적인 눈이 많다는 사실을 잘 알고 있었다. 그들은 왕의 새 정부가 뭔가 큰 실수를 저지르지 않나 하고 눈을 부릅뜨고 지켜볼 것이었다. 24세의 정부와 베르사유 귀족들 사이의 격차가 신경 쓰였던 왕은 신뢰하는 신하 두 명에게 에티올 부인을 슈아지 근처에 있는 그녀의 시골집으로 데려가 복잡한 궁정 법도와 예절을 집중적으로 가르치게 했다.

풍파두르 부인이 루이의 정부로 지낸 기간은 10년이 채 안 되지만, 그녀가 죽을 때까지 두 사람은 친구로 지냈다. 프랑수아 부셰가 그린 이 초상화에서 뒤쪽에 있는 조각작품 〈사랑과 우정〉이 두 사람 사이의 두 단계에 걸친 관계를 암시한다.

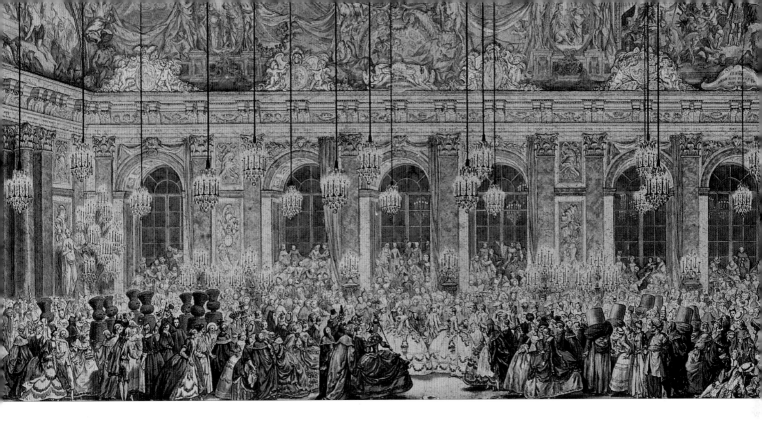

거울의 방에서 열린 이 가장무도회에서 루이 15세는 장차 퐁파두르 부인이 될 애인과 몰래 만나기 위해 잘 단장한 정원수로 분장했다(왼쪽).

서 페이 시 사람들은 자신들이 특별한 존재임을 부각시키기 위해 그들만의 독특한 언어를 발전시켰다. 만약 새로 온 사람이 왕국에 사는 수백만 백성과 마찬가지로 자신의 집을 셰 무아(chez moi)라고 발음하거나 '자루'라는 뜻의 sac를 '사크'라고 발음하면 웃음거리가 되었다. 이곳 사람들은 셰 무아를 '셰브 무아'라고 발음했고, '사크'를 '사'라고 발음했다. 걸음걸이도 보통 사람처럼 걷다간 조롱거리가 되기 십상이었다. 궁정 여인들은 미끄러지듯 걸어가는 기묘한 걸음걸이를 익혀야 했다. 귀족들은 인사할 때 지위에 따라 각각 각도와 깊이가 다른 절을 선호했다.

어떤 사람이 어떤 특권을 누리는지를 정확히 가르치기 위해 에티올 부인의 스승들은 가장 중요한 귀족가문의 가계도까지 일일이 외우게 했다. 그들은 왕의 측근들의 매력적인 화술과 억지미소 뒤에 숨어 있는 오랜 불화와 분쟁에 대해서도 간략하게 설명해주었다. 그러고 나서 그들은 제자가 베르사유의 위험한 물 위를 항해하는 것을 숨을 멈추고 지켜보았다.

궁정에 도착했을 때 그녀는 더이상 에티올 부인이 아니었다. 왕은 그녀를 귀족으로 격상시켜 퐁파두르 후작 부인으로 불렀다. 작위와 함께 영지와 하늘빛 들판에 세 개의 성이 서 있는 문장(紋章)도 하사했다. 그에 따른 통과의례를 치러야 했는데, 그것은 궁정에서 정식으로 인사 올리는 것이었다. 관례에 따라 그녀는 왕뿐만 아니라 왕비에게도 절을 올려야 했다. 그것은 세기적인 데뷔가 될 게 분명했다. 궁정 사람이라면 누구나 그 장면을 놓치고 싶어 하지 않았다.

그녀가 데뷔하는 날 오후, 베르사유에 마련된 퐁파두르 부인의 새 거처는 참모본부를 방불케 했다. 향수 냄새가 은은한 후작 부인의 거처에서 일하는 사람들은 오스트리아 전선에서 전술을 짜는 장군들처럼 분명한 목적 아래 바쁘게 움직였다. 하녀들은 레이스와 실크, 눈부시게 흰 속옷, 바삭거리는 태피터, 수놓은 공단, 익은 과일처럼 화려하게 빛나는 벨벳을 들고 부산하게 오갔다. 준비과정을 지켜보도록 초대받은 가까운 친구들은 시시콜콜한 잡담으로 딱딱한 분위기를 누그러뜨려주었다.

파리 남서쪽에 있던 퐁파두르 부인의 벨뷔 성 정원에는 그림과 같은 향기로운 꽃이 수만 송이나 피어 있었다. 퐁파두르 부인의 거처는 여러 군데 있었지만, 벨뷔 성(아래의 담뱃갑 장식 그림에 묘사된)은 자신을 위해 지은 유일한 거처였다.

## 세브르 도자기

1756년, 퐁파두르 부인은 프랑스의 도자기 생산지를 파리 동쪽에 있던 뱅센에서 베르사유와 자신의 새 거처 벨뷔와 가까운 세브르로 옮기게 했다. 세브르 도자기는 왕실의 후원을 받으며 크게 성장하여 중국 도자기와 작센의 마이센 도자기와 어깨를 견주게 되었다. 위의 세브르 잉크 스탠드는 루이 15세의 딸인 아델라이드 부인의 것으로 추정된다. 지구의(오른쪽)는 잉크병이고, 천구의에는 잉크를 말리기 위한 모래가 담겨 있으며, 왕관에는 하인을 부르는 종이 들어 있다.

퐁파두르 부인은 눈앞에 닥친 전투를 위해 준비된 무기들에 둘러싸인 채 경대 앞에 앉았다. 오닉스 병과 청금석 상자에서부터 황금 콤팩트, 크림, 루즈, 볼 연지, 분까지 온갖 것이 준비돼 있었다. 그녀는 눈물 방울 모양의 검은색 실크 조각, 하트, 별, 초승달 등 자신의 아름다움을 돋보이게 해줄 작은 장식들을 살펴보았다. 그중에서 대여섯 개를 골라 뺨과 이마에 붙이고, 그밖에도 보조개를 돋보이게 하거나 미소에 우아함을 더해줄 수 있는 곳에 붙였다.

한 하녀가 갑옷 입는 기사를 도와주는 종자처럼 유행을 아는 여자라면 필수적으로 여기는 속옷(파니에, 곧 후프 스커트) 입는 것을 도와주었다. 이 옷은 공간을 많이 차지했기 때문에, 문을 지나갈 때에는 몸을 옆으로 기울여야 할 때도 있고, 극장 같은 곳에서 자리에 앉으려면 두세 좌석이 필요했다. 고상한 체하는 성직자는 파니에 입은 여자를 '암원숭이' 또는 '악마의 종자'라고 비난했다. 그러한 비난을 받으면 여자는 그저 후프를 휙 돌려 상대도 않고

49

걸어가버렸다. 파니에는 체형에 관계없이 여성에게 신비감과 우아함을 더해 주었다. 그러나 친한 사람에게 가까이 다가가기가 어려워 귓속말이나 속삭이는 이야기를 할 수 없다는 불편한 점도 있었다. 한 귀족 부인은 "후프 때문에 가까이 다가갈 수 없어 데그몽 부인과 귓속말을 할 수가 없다"고 불만을 털어놓았다.

퐁파두르 부인은 화려하게 수놓인 공단을 걸치고, 분을 뿌린 머리에 흰 깃털과 다이아몬드로 장식된 머리장식을 쓰고 종자들과 함께 힘차게 걸어갔다. 공식소개를 책임진 사람은 늙었지만 여전히 방탕한 생활을 하던 왕의 사촌 콩티 공주였다. 그녀는 자신의 도박 빚을 대신 갚아주지 않을까 하는 기대에서 루이의 환심을 사려고 그 일을 자청하고 나섰다.

비단옷의 바다가 갈라지면서 퐁파두르 부인이 내빈실을 사뿐사뿐 지나 회의실로 들어왔다. 새로 귀족이 된 퐁파두르 후작 부인은 조금도 당황한 기색 없이 얼굴이 붉어진 루이를 향해 무릎을 굽혀 공손히 절을 세 차례 했다. 루이의 잠옷에는 아직도 그녀의 향수 냄새가 남아 있었다. 왕은 뭐라고 답례의 말을 했고, 퐁파두르 부인이 알현을 마치고 뒤로 물러가자(단 한 걸음의 실수도 없이) 얼른 고개를 돌렸다.

그 다음은 모두가 기다리던 순서로, 퐁파두르 부인이 마리 레슈친스카를 알현하는 것이었다. 누구나 왕비가 냉랭한 반응을 보일 거라고 기대하고 있었기 때문에, 콩티 공주가 퐁파두르 부인을 왕비의 방으로 안내하는 순간 모두 숨을 죽였다. 아는 척하기 좋아하는 사람들은 왕비가 퐁파두르 부인의 옷에 대해 의례적인 말을 한마디 던지고는 더이상 아무 말도 하지 않을 것이라고 예상했다. 서 페이 시의 독특한 관례에서는 그렇게 짧은 대화는 뺨을 때리는 것과 같은 모욕으로 간주되었다. 그러나 왕비는 모두를 놀라게 했다. 왕비는 아주 반갑게 퐁파두르 부인을 맞이했고, 서로가 아는 사람에 대해 가벼운 잡담을 나누었다. 마음이 놓인 퐁파두르 부인은 수다를 떨면서 있는 힘을 다해 왕비를 극진히 모시겠다고 맹세했다. 전문가인 양하는 사람들은 두 사람의 대화 내용과 시간을 모두 분석했다. 왕비가 왕의 정부에게 한 말은 모두 열두 문장이었다. 이것은 아주 놀랄 만한 일이었다.

사실 왕비 역시 안도의 한숨을 내쉬고 있었다. 이전의 정부들은, 특히 그 중에서도 마이 백작 부인은 자신을 냉담하게 대했고, 왕 앞에서 자신을 깎아 내리려고 호시탐탐 기회를 엿봤다. 마리 레슈친스카는 이 조그마한 부르주아 지 출신의 여인은 이전의 귀족 출신 정부들보다 훨씬 상냥하고 다정다감하다 는 것을 즉각 알아챌 수 있었다. 서 페이 시 출신이라면 절대로 따뜻한 마음 과 감정을 그렇게 공공연히 내비치지 않았을 것이다. 왕비는 측근에게 "꼭 정부가 있어야 한다면, 이보다 더 나은 여자도 없을 것이다"라고 말했다.

퐁파두르 부인에게는 그날 밤이 지나기 전에 아직 한 가지 시련이 더 남아 있었는데, 바로 왕세자 알현이었다. 아버지의 불륜을 못마땅하게 여기고 있 던 왕세자는 퐁파두르 부인을 매우 퉁명하게 맞았다. 그 장면을 목격한 일부 사람들은 그녀가 떠날 때 왕세자가 혀를 쏙 내밀었다고 전했다. 그리고 그 이후 몇 년 동안 왕세자는 퐁파두르 부인을 '매춘부 부인'이라고 불렀다.

이러한 통과의례를 거친 퐁파두르 부인 앞에는 새로운 삶이 펼쳐졌다. 아 무리 여자에게 홀딱 빠져 지낸다 하더라도 루이에게는 다스려야 할 왕국이 있었으므로, 퐁파두르 부인은 나름의 취미생활을 즐길 시간이 충분했다. 그 녀는 자신을 재미있게 해주는 친구들을 불러모았고, 재치 있는 편지를 썼으 며, 원예에 열중하여 세계 각지에서 이국적인 식물을 수집했다. 대다수의 궁 정 사람들과 달리 그녀는 상당한 지식인이었다. 그녀의 서재에는 책이 3,500 여 권이나 소장돼 있었는데, 그녀의 취향이 다방면에 걸쳐 있었음을 보여준 다. 그녀는 페로가 모은 프랑스의 옛이야기, 번역서 〈톰 존스〉와 〈로빈슨 크 루소〉, 역사, 철학, 볼테르의 수필뿐만 아니라, 중세의 연애소설과 경찰보고 서에 자세히 서술된 진짜 범죄 이야기 등을 좋아했다.

궁정에 들어가기 전에 퐁파두르 부인은 볼테르와 디드로, 달랑베르, 루소를 비롯해 프랑스 계몽주의를 이끈 주요 인물들과 광범위하게 교제했다. 왕은 문학적 취미에는 전혀 관심이 없었다. 그렇지만 퐁파두르 부인은 자신의 영향력을 이용해 볼테르에게 궁정의 직책과 연금을 주었고, 검열 당국이나 교회와 문제가 생긴 급진적인 사상가들을 위해 개입하기도 했다.

퐁파두르 부인은 지적 자극을 계속 받기 위해 의사이자 경제개혁가인 프랑수아 케네를 자신의 주치의로 삼았다. 케네는 퐁파두르 부인의 방 바로 아래층에 있는 방을 배정받았다. 퐁파두르 부인은 시간이 나면 아래층의 케네 방으로 내려가, 철학적인 그의 친구들과 더불어 그 당시의 현안에 대해 토론하곤 했다.

새로 얻은 부와 지위를 이용해 퐁파두르 부인은 시각미술을 적극 후원했다. 그녀의 후원을 받은 사람 중에는 프랑수아 부셰도 있었는데, 부셰는 경대 앞에 앉아 화장을 하는 그녀의 초상화를 그리기도 했다. 퐁파두르 부인은 현란한 곡선과 아라베스크, 목가적인 풍경, 장미 같은 여신들, 파스텔 색조 등을 사용하는 화려한 로코코 양식을 아주 좋아했다.

그녀의 거처를 유지하는 데 사용된 연간 비용은 평균 3만 3,000리브르였다. 뒷날 그녀는 평생 동안 3,600만 리브르 이상을 쓴 것으로 추정되었다. 퐁파두르 부인의 값비싼 취향은 외국에서 전쟁을 벌이는 것보다 재정에 더 큰 부담이 된다고 비판론자들은 꼬집었다. 그렇지만 그녀는 프랑스의 보석상, 캐비닛 제작자, 유리 제조업자, 은 세공사, 건축가 들을 기쁘게 했고, 큰 돈을 벌게 해주었다.

그녀는 왕의 거처를 새로 단장했고, 왕과 밀회를 즐기기 위해 새로운 은신처(벨뷔에 웅장한 성을 짓고, 베르사유, 퐁텐블로, 콩피에뉴에 기묘한 건축물을 짓는 등)를 건설했다. 왕은 사냥복을 입고 사냥 나간다고 큰 소리로 알리고는, 은신처 중 한 군데로 몰래 빠져나가 퐁파두르 부인과 즐거운 오후를 보내곤 했다.

## | 초기의 프랑스 오트 쿠튀르 |

18세기에 프랑스는 명실상부한 세계의 패션 리더였다. 베르사유에서 귀족들은 최신 유행복식을 자랑하기 위해 경쟁했다. 어떤 머리장식은 하도 높이 솟아서 그것을 쓴 여성은 마차를 타고 갈 때 무릎을 꿇거나 창 밖으로 머리를 내밀어야 했다. 어떤 사람은 거대한 머리장식 때문에 "그 여성의 얼굴이 마치 몸 한가운데에 있는 것처럼 보였다"고 빈정댔다(오른쪽 그림 참고). 또 스커트는 너무나도 풍성해서 키 작은 여성은 공처럼 보였고, 키 큰 여성은 종처럼 보였으며, 그러한 옷을 입은 여성이 오르내리기 편하게 계단 설계를 고쳐야 했다.

한 비평가는 "어리석은 자들이 유행을 만들어낸다"고 힐난했다. 그러나 어리석은 자들이 만든 유행을 부자들이 뒤따라갔다. 베르사유 스타일을 모방하기 위해 외부인들은 처음에는 '팡도라'라는 나무 인형에 최신 궁정패션을 입혀 파리와 그밖의 도시로 보내 그것을 그대로 모방하게 했다. 인쇄기술이 발전하자, 귀족이 입은 스타일을 자세히 묘사한 패션 그림이나 판화가 잡지에 실리기 시작했다. 이제 그러한 옷을 입고 싶은 여성은 돈만 있다면 파리에 있는 1,700여 개의 의상실 중 한 곳을 방문하여 궁정의 여인과 똑같은 옷을 입을 수 있게 되었다.

파리에서 가장 유명한 의상 디자이너는
로즈 베르탱(위)이었다. 로즈 베르탱은
마리 앙투아네트 왕비의 옷을
주문받으면서 명성을 날리기 시작했다.

마리 앙투아네트는 궁정의 패션을
이끌었다. 어떤 사람은 "왕비가
베르사유의 복도를 걸어갈 때면
머리 위로 45cm쯤 솟아 있는
깃털 숲이 앞뒤로 흔들리는 것말고는
아무것도 보이지 않았다"고 말했다.

1773년 연감에 실린 이 풍자화는 거대한 깃털로 만든 머리장식을 쓰고 있는 여성을 새들이 공격하는 장면을 묘사했다.

아주 특이한 머리장식 중에는 산이나 숲 또는 프랑스 전함(아래) 모양을 한 것도 있었다.

최신 유행 스타일을 자세히 소개하는 최초의 패션 잡지인 〈르 카비네 데 모드〉지에 실린 모자들.

풍파두르 부인은 또 왕과 자신의 가까운 친구들 모두를 즐겁게 할 수 있는 새로운 오락거리를 고안해냈다. 조그마한 극장을 짓고 부셰에게 장식물에 그림을 그리게 했는데, 그 극장엔 좌석이 겨우 14개뿐이었다. 그리고 재능 있는 궁정 사람들을 뽑아 전문배우 못지않게 열심히 연습시켰다. 이 극단은 1747년 1월 17일, 몰리에르의 〈타르튀프〉를 상연하며 데뷔 무대에 섰다. 왕은 가끔 공식적인 궁정극장에 참석하여 구경하곤 했지만, 좋아서라기보다는 일종의 의무로 행한 것이었고, 아마추어 배우들이 연기한 이 공연을 훨씬 재미있어했다. 특히 많은 공연에서 자신의 정부가 주인공 역을 맡아 더욱 그랬을 것이다. 사람들은 이 작은 극장에서 왕과 함께 공연을 보는 특권을 얻으려고 치열한 경쟁을 벌였으며, 풍파두르 부인은 비위에 거슬리는 사람에게는 기회를 주지 않음으로써 자신의 권세를 과시하는 걸 즐겼다.

그러나 테아트르 데 프티 카비네('작은 내각극장'이란 뜻)에서 왕의 박수를 받는 것만으로는 궁정 안의 적들이 퍼붓는 공격을 완전히 막을 수 없었다. 보수주의자와 데보(Dévots: '귀의자'란 뜻)라고 불리던 극단적 교파는 풍파두르 부인이 왕과 불륜을 저지르는 것뿐만 아니라 악명 높은 자유사상가들과 어울리는 것을 혐오했다. 고관들과 높은 자리를 엿보던 사람들 눈에는 풍파두르 부인이 왕을 좌지우지하는 게 곱게 보일 리 없었다. 1752년 왕이 그녀에게 공작 작위를 내리자, 그들은 피가 끓어올랐다.

이들의 혐오감은 홍수처럼 베르사유 밖으로 흘러넘쳤다. 스캔들을 좋아하는 베르사유와 파리 사람들에게는 이보다 더 좋은 이야깃거리도 없었다. 궁정의 익살꾼들은 '푸아소나드(Poissonade)'라는 제목의 시를 퍼뜨리기 시작했는데, 풍파두르 부인의 처녀적 이름인 푸아송을 비꼰 것이다. 그중 일부는 음란한 내용을 담고 있었고, 일부는 그녀가 부르주아 출신임을 조롱했다. "만약 궁정이 상스럽다 해도 / 놀랄 이유가 있을까? / 어차피 물고기는 시장에서 오는 게 아닌가?" 심지어 그녀가 루이의 성적 욕구를 만족시키지 못할 때면 뚜쟁이로 나서기까지 한다는 소문도 나돌았다.

　점점 더 심해지는 굶주림과 궁핍으로 고통받고 있던 민중은 퐁파두르 부인의 방탕한 생활에 관한 이야기를 듣고는 더욱 환멸을 느꼈다. 그러나 왕의 정부가 파리의 술집에서 조롱거리가 되는 것을 즐기던 궁정 사람들은 분노에 찬 민중이 퐁파두르 부인과 베르사유의 다른 사람들을 가리지 않고 모두 미워한다는 사실을 곧 깨닫게 되었다. 메츠에서 왕이 병에 걸렸을 때 국민들 사이에 형성되었던 좋은 감정은 냉랭하게 변했다. 이제 루이를 '친애왕'이라 부르는 사람은 아무도 없었다. 오스트리아 계승전쟁은 프랑스에는 거의 아무런 이익이 없는 실망스러운 조약으로 끝났다. 충성을 다하던 신하들조차 그 많은 인명과 돈을 쏟아부으며 수년 동안 애쓴 결과가 무엇인지 의문이 들었다. 왕과 퐁파두르 부인은 현명하게도 수도를 떠나 있었다. 그러나 퐁파두르 부인은 자신이 돌봐주던 파리 경찰청장인 니콜라 르네 베리에라는 새로운 눈과 귀를 얻었다. 수많은 정보원을 거느린 그는 왕이나 퐁파두르 부인을 비방하는 자를 감옥으로 보냈다.

　그러나 궁정 야회에서 아무리 멋지고 세련돼 보이더라도, 아무리 지적이고 예술적인 노력을 쏟아붓더라도, 퐁파두르 부인은 색다른 생활방식에서 오는 스트레스를 받기 시작했다. 루이의 넘치는 성욕을 만족시키기 위해 필사적으로 노력하느라, 그녀는 가재와 바닐라를 비롯해 최음성 음식을 토할 때까지 먹었다. 그러다가 건강이 나빠졌고, 유산에 각혈까지 했다. 1754년 외동딸 알렉상드린 데티올이 10세의 나이로 죽자(맹장염 때문으로 추정된다), 그녀는 깊은 시름에 빠졌다. 그리고 그 다음해에 왕과의 성관계는 끝나고 말았다.

　두 사람의 열정은 식어갔지만, 루이에 대한 퐁파두르 부인의 영향력은 오히려 커져갔다. 루이는 오래 전부터 내정에 관한 그녀의 판단을 존중해왔고, 그녀가 총애하는 사람을 요직에 임명했다. 그런데 이제 퐁파두르 부인은 대외정책에도 입김을 행사하기 시작했다. 오래지 않아 비판가들은 왕이 자신의 의중을 이야기할 때 쓰는 '우리'라는 의례적인 표현에 퐁파두르 부인이 포함돼 있음을 눈치챘다.

1756년, 프랑스는 두 대륙에서 전쟁에 휘말렸다. 유럽은 또 한 차례 소용돌이 속으로 빠져들었는데, 이전의 동맹국은 적이 되고, 적은 동맹국이 되었다. 프랑스는 프로이센의 팽창을 막기 위해 오스트리아와 손잡고 7년전쟁에 뛰어들었다. 한편 대서양 건너편에서는 북아메리카의 지배권을 놓고 프랑스와 영국이 한판 대결을 벌였다. 이 프렌치-인디언 전쟁은 1763년까지 계속되었다. 두 전쟁 어느 쪽에서도 프랑스는 승리를 거두지 못했다.

병사들이 적과 힘들게 싸우는 동안, 귀족 지휘관들은 종종 베르사유의 오랜 원한을 전선까지 가져와 서로 싸우는 것처럼 보였다. 최소한 중요한 전투한 군데에서는 퐁파두르 부인이 임명한 장군 수비즈 대공이 필요한 증원군을 제때 지원받지 못해 패했다는 말이 나돌았다. 퐁파두르 부인을 싫어하던 리슐리외 공작이 적시에 증원군을 보내지 않았기 때문이다. 작센의 로스바흐에서 패한 이 전투는 프랑스 군이 겪은 가장 불명예스러운 패배로 기록될 정도였다.

궁정으로 돌아온 반퐁파두르 파 파견단은 수비즈의 패배를 악의적인 시와 풍자를 섞어 조롱했다. 이 재난을 운명의 전환점으로 여기고 종말이 임박했음을 느낀 퐁파두르 부인은 루이에게 "우리 다음에야 대홍수가 닥치건 말건"이라고 말했다고 한다. 이 말은 기억해둘 만한 가치가 있는데, 그것은 미래를 아주 정확히 예견한 것이었기 때문이다.

전쟁이 끝나고 나자 루이의 해외제국은 거덜나고 말았다. 퐁파두르 부인이 뒤를 봐주던 외무대신 에티엔 프랑수아 수아죌은 식민지 전쟁을 마무리짓기 위한 파리 조약의 협상 테이블에 나섰다. 비록 캐나다와 광대한 루이지애나와 인도에서 프랑스가 차지하고 있던 대부분의 땅을 포기할 수밖에 없었지만, 서인도 제도의 풍요로운 사탕수수 산지들은 계속 프랑스 지배하에 둘 수 있었다. 그리고 다시는 군사적 패배를 되풀이하지 않기 위해 그는 육군을 개혁하고 해군을 증강시켰다.

풍파두르 부인의 철학자 친구들, 그중에서도 특히 볼테르는 수아죌과 그의 협력자들이 교육을 질식시키고 있던 예수회의 지배를 종식시키고, 그 교단을 프랑스에서 쫓아낸 조처를 크게 환영했다. 그러나 풍파두르 부인에게는 신경 쓰이는 일이 또 있었다. 그녀는 아직 42세에 불과했지만, 평소에 좋지 않던 건강이 몹시 악화되었다. 1764년의 추운 겨울은 끝날 줄 모르고 질질 끌더니 봄이 되고서도 쌀쌀한 날씨가 계속되었다. 풍파두르 부인은 회복할 수 없을 정도로 충혈된 폐 속에 차가운 공기를 들이마시려고 애쓰면서 운명을 받아들였다. 그녀는 유언을 남겼고, 왕의 권고를 받아들여 신부를 불러 그토록 하기 싫어했던 고백을 하고 병자성사를 했다.

풍파두르 부인이 20년에 걸친 불륜을 참회하자, 루이는 더이상 그녀 곁에 붙어 있을 수 없었다. 의식 절차에 신경 쓰면서 루이는 그녀에게 작별인사를 하고 방에서 나왔다. 1764년 성지(聖枝) 주일(부활절 직전의 일요일로, 예수가 수난을 앞두고 예루살렘에 들어간 기념일)에 그녀가 마지막 숨을 내쉴 때, 오랜 친구인 수비즈와 수와죌이 곁을 지켰다. 왕은 귀찮은 일을 피하기 위해 교회에 있었다.

의전에 따르면 왕족의 시체 말고는 어떤 시체도 궁에 둘 수 없었다. 이러한 금기를 깨는 것을 두려워한 하인들은 마차가 준비될 때까지 기다려달라는 부탁을 거절했다. 그들은 시트에 싸인 그녀의 시체를 들것에 싣고 베르사유의 문 밖으로 들고 나갔다. 그녀의 시체는 이틀 뒤 딸 알렉상드린이 묻혀 있는 파리의 한 교회에 매장되었다.

의전에 따르면 왕이 그 장례식에 참석하는 것도 금지돼 있었다. 그렇지만 루이는 발코니에 서서 심한 바람과 차가운 빗속으로 풍파두르 부인의 장례행렬이 나가는 것을 지켜보았다. 마음이 찢어질 듯 아팠으나, 서 페이 시 거주

자들의 예리한 눈앞에서 슬픔을 감춰야 했다. 며칠 뒤, 가장 강력한 경쟁자가 사라지자 어리벙벙해진 왕비는 친구에게 보낸 편지에 이렇게 썼다. "이곳에서는 더이상 존재하지 않는 것에 대해서는 아무도 이야기하지 않아. 마치 처음부터 그녀가 전혀 존재하지 않았던 것처럼."

1774년 7월 27일, 프랑스의 귀족들은 생드니 대수도원에 모여 루이 15세에게 마지막 경의를 표시했다. 장례식은 꼬박 다섯 시간 동안 진행되었기 때문에, 조문객 중 신앙심이 아주 독실한 사람조차 딴생각이 들곤 했다. 그들은 루이 15세가 마지막에 보여준 섬뜩한 장면을 떠올렸다.

5월 10일 오후 3시 15분, 왕의 방 창문에서 깜박이고 있던 양초가 꺼지면서 임종의 순간이 마침내 끝났음을 알렸다. 촛불이 꺼지자, 궁정 사람들은 모두(새로 왕이 된 루이 16세와 그 왕비 마리 앙투아네트를 포함해) 마차에 올라타 마부에게 어서 베르사유 궁전 밖으로 나가자고 소리쳤다.

그들을 공포 속으로 몰아넣은 망령은 천연두였다. 왕의 몸을 악취를 풍기며 썩어가는 종기 덩어리로 만든 천연두는 그 당시 프랑스 전역에 크게 번지고 있었다. 프랑스 인구의 95%가 천연두에 걸렸으며, 7명당 한 명꼴로 사망했다. 두 개의 납관에 담긴 루이의 시신은 밤에 생드니로 운반되어 얼른 왕실 지하실에서 밀봉되었다. 그리고 공식적인 장례식(죽어가는 왕 곁에 머물면서 천연두에 노출되었던 신하들이 격리상태에서 풀려날 때까지 지연되었다가)은 텅 빈 관을 가지고 치렀다.

루이 15세는 60년 동안 왕위에 있었기 때문에, 대부분의 신하들은 다른 왕에 대한 기억이 전혀 없었다. 그의 죽음을 애도하기 위해 가장 신분이 높은 대공에서부터 가장 신분이 낮은 어부의 아내까지 상복을 입었다. 그러나 그들은 한 사람의 죽음을 슬퍼한 것이 아니라, 한 시대가 끝난 것을 슬퍼하고 있었다. 정말로 왕의 죽음을 슬퍼하며 눈물을 흘린 사람이 있다면, 그는 퐁

파두르 부인 뒤를 이어 왕의 공식 정부가 된 바리 부인
이었다.

루이가 메츠에서 중병에 걸렸을 때, 친애왕의 건강
을 기도하기 위해 노트르담 성당에서만 6,000번의 미
사가 거행된 이래 프랑스는 길고도 험난한 길을 걸어왔
다. 30년이 지난 지금 애정이 담긴 그 별명은 사람들
마음속에서 거의 잊혀졌고, 죽어가는 왕의 이름으로 오
직 세 차례의 미사만 요청되었다. 영국 작가 호레이스
월폴은 바다 건너편에서 이 상황을 지켜보고 놀라 이렇
게 말했다. "프랑스에서 왕의 인기가 떨어진 것, 혹은
달리 표현하면 유행이 지난 것은 아주 새로운 광경이
다." 그러나 많은 사람이 몰려든 생드니 대수도원에서
는 변덕스러운 유행보다는 전통을 더 중시했다. 귀족들은 루이 15세
가 그 조상들과 함께 묻히는 것을 보기 위해 그곳에 모였다.

그 장엄한 의식이 치러지는 장소에 모인 사람들 중 신분이
높은 사람들은 얼마 후 성가가 귀에 들어오지 않았다. 가장
지위가 높은 두 대공(오를레앙 공작)이 그 자리에 참석하지 않았
다는 이야기가 입에서 입으로 전해졌기 때문이다. 부르봉 가에서
작은집의 혈통을 이어받은 두 공작은 왕과 그 계승자 다음으로 서

루이 16세(오른쪽)는 할아버지 루이 15세에 비해 의지와 카리스
마가 모자라 보일지 모르지만, 개혁을 단행하기 위해 열심히 노
력했다. 그러나 큰 변화를 갈망하고 있던 국민에게 그것은 성에
차지 않았을 뿐만 아니라, 때도 놓치고 말았다. 왕비 마리 앙투
아네트(위의 그림에 아이들과 함께 있는)의 정치적 순진성은 왕실에
대한 국민의 반감에 기름을 부었다.

열이 높았다.

루이 15세가 통치를 시작할 때, 오를레앙 공은 섭정이 되어 왕의 이름으로 프랑스를 통치했다. 그러나 부르봉 가의 군주들은 오래 전부터 오를레앙의 사촌들을 경계해왔는데, 특히 섭정의 손자인 현재의 공작(강건공 필리프로 알려진)과 그 아들인 샤르트르 공작을 경계했다. 광대한 봉건영토를 소유하고 있던 오를레앙 가문은 아주 부유했다. 그러나 아무리 많은 재산도 수세대에 걸쳐 펼쳐보지 못하고 좌절만 맛보아온 잠재력과 야심을 보상해주진 못했다. 17세기 중반에 귀족들이 프롱드의 난을 일으킨 이래 왕은 귀족이 모반이나 독립을 꾀하는 징조가 보이면 가차없이 진압했다. 왕의 가혹한 대응을 불만스럽게 여긴 귀족은 비단 오를레앙의 공작들뿐만이 아니었다. 그렇지만 오를레앙 공은 서열상 왕위에 오를 수 있는 위치에 있었기 때문에, 왕의 꿈을 좌절시킬 가능성이 가장 높은 사람이었다.

왕의 권력에 도전할 능력이 있는 또 한 곳은 고등법원이었다. 파리와 여러 지방 중심지에 자리잡은 고등법원은 항소법원으로, 법을 떠받치고 왕의 칙령에 법적 효력을 부여하는 책임을 지고 있었다. 그러나 그 법관들(전통 귀족가문과 최근에 고등법원 판사 자리를 사서 귀족이 된 가문 출신의 지방장관들)은 옛날부터

귀족 출신이지만 샤르트르 공작은 프랑스 국민의 권리를 옹호하고 나섰다. 아버지가 죽고 나서 오를레앙 공이 된 그는 혁명기간에 평등공 필리프라는 새 이름을 사용한다.

관행으로 인정받아온 권리가 있었다. 만약 왕이 제안한 법률이 기존의 법이나 판례에 어긋난다고 판단되면, 그들은 그 법을 성문 법전에 기록하는 것을 거부할 수 있었다.

"만인은 평등하다.
어느 누구도 다른 사람 위에 서거나 지배할 수 없다.
주권은 다수에게 있다."

1750년대와 1760년대에 파리 고등법원은 지방 고등법원들의 지원을 받아 징세와 국가재정, 경제정책, 종교관리 등의 문제에서 루이 15세와 그의 대신들과 충돌해왔다. 서로 알력이 커지자 1771년 정부는 고등법원을 탄압하고, 왕이 임명한 사람들로 구성된 새로운 법원으로 대체했다. 이 조처로 엘리트 계층 사이에 불만이 커졌고, 보통 사람들도 나지막한 목소리로 분노를 표출했으며, 25년 뒤에 혁명을 촉발시킨 것과 비슷한 어조로 왕의 독재를 비난하는 팸플릿이 나돌았다.

샤르트르 공작은 고등법원을 수호하기 위해 일어선 사람 중 하나였는데, 고등법원을 탄압하는 것은 루이 15세에게 절대권력을 부여하기 위한 조처라고 비난했다. 이제 구왕은 죽었지만, 샤르트르 공작은 후계자인 그 손자(왕세자는 1765년에 폐결핵으로 사망했다)하고도 싸움을 계속하겠다는 뜻을 분명히 한 것이다. 장례식에 불참한 것은 그 전쟁의 포문을 연 것과 다름없었다. 분노한 루이 16세는 즉각 샤르트르 공작과 그 아버지를 파리에서 북서쪽으로 60여km 떨어진 빌레르코터레에 있는 그들의 영지에 일시적으로 유배를 보냈다. 그렇지만 그는 얼마 뒤 할아버지가 탄압한 고등법원을 부활시켰다.

필리프 공은 아들과 함께 유배되었지만, 새 왕의 입장에서는 젊은 샤르트르 공작이 더 골칫거리였다. 샤르트르 공작은 복잡한 성격의 소유자였는데, 때로는 모순적인 성격을 나타내기도 했다. 그는 파리의 매춘굴에서 밤을 보내는 것을 무엇보다도 좋아한 호색가였다(그와 함께 놀아난 여자들은 그를 난봉꾼이라 불렀다). 이러한 엽색 행각은 루이 15세의 경찰 첩자들이 이미 파악하고 있었고, 고인이 된 왕은 베르사유에 올라온 그 보고서를 읽으면서 자극을 느꼈다.

샤르트르 공작은 비록 여자를 무척 좋아하긴 했지만, 자기가 첫째로 추구하는 것은 개인의 자유라고 선언했다. 그는 회고록에서 이렇게 설명했다. "자유에 대한 갈망 때문에 나는 파리의 여러 계층을 떠돌았고, 건강한 토론을 거치며 내 의견은 변경되고 보강되었다." 그는 평등주의자이자 속물이었고, 경주마를 모는 기수들과 함께 어울리길 좋아했지만(그는 빠른 말을 칭송했다), 자기 계급을 위협하는 세력이 되리란 걸 눈치채고는 신흥 부자를 경멸했다.

샤르트르 공작은 자기도취에 빠져 살아가는 서 페이 시 주민과는 대조적으로 세계주의자였다. 그는 열렬한 친영파였는데, 바다 건너 영국 친구 중에는 영국 왕세자를 비롯해 개혁 성향이 강한 정치인이 꽤 포함돼 있었다. 그는 영국을 자주 방문했고, 영국을 '자유의 자궁'이라 불렀다. 그러나 그는 왕족이기 때문에 프랑스 국경 밖으로 나갈 때마다 왕의 허락을 받아야 하는 게 정말 싫었다.

샤르트르 공작의 말에 따르면, 그는 자유사상 때문에 프리메이슨 단에 들어가게 되었다고 한다. 프리메이슨 단은 17세기 중반 영국에서 탄생하여 유럽과 북아메리카까지 퍼져나갔다. "프리메이슨 단이 내게 일종의 평등 이미지를 주었기 때문에 나는 거기에 가입했다." 프리메이슨 단 지부는 새로운 철학적·정치적 이념을 탄생시키는 비옥한 환경을 제공했다. 프리메이슨 단은 종교적 관용, 인도주의, 지적 발전, 박애주의를 옹호했다.

1773년, 샤르트르 공작은 프랑스 대지부의 최고 책임자가 되어 비밀의식을 집전했다. 사촌인 왕과 교회의 고위층은 샤르트르 공작이 맹세한 프리메이슨 단의 서약을 들었더라면 얼굴이 하얘졌을 것이다. "만인은 평등하다. 어느 누구도 다른 사람 위에 서거나 지배할 수 없다. 주권은 다수에게 있다. 국민은 자기가 원하는 곳에 주권을 양도할 수 있고, 원할 때 그것을 회수할 수 있다. 하느님이 만든 것이라고 주장하는 어떠한 종교도 터무니없는 것이다. 그 자체를 영적이라고 부르는 전능한 존재는 일종의 남용이다."

샤르트르 공작은 개인적으로 영국을 좋아했지만, 1778년 7월 영국과 프랑스 간의 해전에서 프랑스 해군을 지휘하지 않으면 안 되었다. 게으른 귀족생활에 좀이 쑤신 그는 함대 부제독으로 임명해달라고 왕에게 간청했다. 그는 대서양 연안에 있는 우에상 섬 근처에서 처음으로 영국 해군과 교전했다. 전투는 겨우 30분간 지속되었는데, 프랑스 해군은 영토를 사수하긴 했지만 영국 함정을 단 한 척도 파괴하지 못했다.

확실한 승리를 거두진 못했지만, 파리로 돌아간 샤르트르 공작은 대중들로부터 칭송을 들었다. 오페라 극장에 갔을 때 관객들은 그를 시대의 영웅으로 부르며 환호했다. 그렇지만 베르사유의 접대는 냉랭했다. 루이 16세가 보기에는 그의 공을 치하할 이유가 전혀 없었다. 전투 현장에서 보내온 한 보고서에는 샤르트르 공작이 지휘를 맡지 않았더라면 프랑스 함대가 더 좋은 전과를 올렸을 거라고 적혀 있었다. 그렇지 않아도 위험인물로 여기고 있던 샤르트르 공작이 대중의 환호를 받는 걸 루이 16세는 원치 않았다. 그는 곧 샤르트르 공작을 비방하는 일련의 공작을 펼쳤다.

위에서 내려온 은밀한 지시를 받은 익명의 작가들이 샤르트르 공작을 비방하는 글을 썼다. 시인들은 오페라 극장에서 아첨을 받아들였다는 엉터리 시를 써서 공작을 조롱했다. 또 우에상에서 프랑스가 승리를 거두지 못한 것은 오로지 그의 비겁함 때문이었다고 야유했다. 샤르트르 공작은 단지 모욕받은 것으로 끝나지 않았다. 해군에서 경력을 쌓아갈 희망까지 완전히 잃고 만 것이다.

샤르트르 공작은 왕과 궁정에 완전히 등을 돌렸다. 그에게는 오를레앙 집안이 대대로 살아온 팔레루아얄이라는 궁전이 있었다. 베르사유의 황금빛 우리와는 달리 팔레루아얄은 파리 한복판에 있었다. 게다가 루이는 수도에 발을 들여놓으려 하지 않았으므로, 샤르트르 공작은 이제 자신이 그 도시의 왕이 되기로 결심했다. 그는 주랑이 늘어서 있던 팔레루아얄 구역을 부티크, 정원, 카페, 클럽, 매춘굴, 당구장, 전시장, 인형극장, 야외 쇼와 온갖 종류의 카니발 등 볼거리가 가득 찬 거대한 도시공원으로 변모시킨다는 과감한 계획을 세웠다. 그곳은 '1년 내내 항상 구경거리가 넘치고 누구나 거닐 수 있는 정원'으로, 모든 사람을 위한 장소가 될 것이라고 그는 공언했다.

샤르트르 공작은 파리에 있는
자기 집 팔레루아얄의 정원에
이 거대한 상업 복합단지를 지
었다. 그 안에는 가게와 책방,
게임방, 개인 클럽, 극장, 카페
등이 있었다.

팔레루아얄 정원에 있던 귀중한 나무들이 파괴되는 것을 가슴아파한 일부 이웃의 항의가 있었지만, 샤르트르 공작은 자신의 계획이 파리 시민의 마음을 사로잡을 것이라고 계산했다. 얻는 것은 그뿐만이 아니었다. 가게와 매점 상인으로부터 수십만 리브르에 이르는 임대료를 챙길 수 있었다. 그것은 방탕한 생활습관 때문에 파산지경에 이른 공작에게는 꼭 필요한 구명줄이었다. 샤르트르 공작은 프랑스에서 가장 부유한 공작의 후계자였지만, 채권자들은 아버지가 죽을 때까지 기다려주려 하지 않았다.

샤르트르 공작이 시작한 상업적 모험에 대해 상세히 보고받은 왕은 기뻐했다. 귀족이 장사에 손을 대는 것보다 더 경멸스러운 일이 어디 있겠는가? 샤르트르 공작은 얼마 뒤 관습에 도전하는 또 다른 일을 생각해냈다. 그와 사귄 많은 애인들도 그가 부유한 팡티에브르 공작의 딸과 결혼해 충실한 아버

지가 되는 것을 막지 못했는데, 이제 그의 아들이자 후계자인 루이 필리프를 교육시켜야 할 때가 되었다. 어린 귀족 자제는 남자 가정교사에게 교육을 받는 게 전통이었다. 그런데 샤르트르 공작은 그 일을 여자에게 맡김으로써 지배계층 사람들을 경악하게 했다.

그 여자는 장리 백작 부인이었다. 그녀는 인텔리겐차이자 재능 있는 음악가였고, 교육에 관한 논문도 여러 편 쓴 바 있었으며, (우연히도) 이전에 샤르트르 공작의 애인이었다. 그녀가 일을 시작하기 전에 샤르트르 공작은 자존심을 접고 왕에게 허락을 청해야 했다. 왕족인 탓에 아들의 가정교사를 선택할 때에도 왕의 허락을 받아야 했던 것이다. 얼마 전 자신의 뒤를 이을 아들이 태어난 것에 기뻐하던 루이는 이 일을 반대하지 않았다. 그러나 상류사회는 결코 호의적인 반응을 보이지 않았다. 공작이 아들과 새 가정교사와 함께 극장에 나타나자, 관객들은 야유를 보냈다. 묘한 우연의 일치랄까, 그들이 관람하러 온 희극의 제목은 '학식 높은 여자들'이었다.

어린 루이 필리프(뒷날 혁명의 소용돌이가 가라앉은 뒤 프랑스의 마지막 왕이 된다)는 형제자매들과 함께 장리 부인 밑에서 교육을 받았다. 장리 부인은 특별 주문제작한 115장의 그림을 가지고 그리스와 로마의 역사를 가르쳤고, 중세의 기사 이야기로 학생들을 즐겁게 했으며, 급조한 실내체육관에서 역기와 밧줄타기로 몸을 단련시켰다. 또 샤르트르 공작은 자녀에게 그 당시 쟁점이었던 철학문제를 소개하기 위해 볼테르를 비롯한 명사들을 가족 식사에 초대했다.

1783년 12월, 튈르리 궁전 정원에서 날아오른 이 '하늘을 나는 구'는 수소기구를 타고 사람이 하늘을 난 최초의 사건으로 기록되었다. 열흘 전에는 두 사람이 몽골피에 형제가 만든 열기구를 타고 20분 동안 파리의 하늘을 날다가 무사히 착륙했다.

파리 북동쪽에 위치한 고네스
에 시험용 열기구가 불시착하
자, 하늘을 나는 기구에 대해
아무것도 모르고 있던 고네스
시민들은 공포에 질렸고, 쇠스
랑과 총을 들고 나와 기구를
공격했다.

공작은 과학기술 분야에서 일어나는 일부 발전에도 큰 흥미를 느꼈다. 하늘에는 온갖 발명품이 떠다니고 있었다. 장 피에르 블랑샤르가 헬리콥터처럼 생긴 기계를 만들어 지상에서 24m 높이까지 떠오르게 하자, 샤르트르 공작은 만약 언덕 위의 출발 지점에서 르랭시(파리 북쪽에 위치한)에 있는 자신의 정원까지 날아온다면 2만 리브르를 주겠다고 제의했다. 블랑샤르가 실패하자, 공작은 조제르 미셀 몽골피에와 자크 에티엔 몽골피에 형제가 실험하고 있던 기구에 관심을 돌렸다.

화려한 열기구가 하늘로 솟구쳐 오르자, 공작은 열광을 넘어 거기에 홀딱 빠지고 말았다. 그는 가까운 거리에서 열기구가 떠오르는 것을 보고 싶어하는 사람들을 위해 팔레루아얄에 매표소를 설치했고, 열기구의 그림자를 따라 말을 타고 달렸으며, 식사에 초대한 손님들에게 남근 모양의 기구 모형을 선물로 나눠주어 좌중을 웃음바다로 몰아넣었다.

한편, 베르사유에서도 왕비가 새로운 비행실험에 큰 흥미를 느꼈다. 그녀는 더 적극적인 관심을 기울이라고 남편(그때까지만 해도 신문이나 경찰 보고서에서 새로운 기술발전에 관한 이야기를 읽는 것으로 만족하던)을 설득했다. 왜 그토록 혐오스러운 샤르트르 공작이 그 모든 즐거움과 영광을 독차지하게 내버려둔단 말인가? 결국 베르사유와 팔레루아얄은 각각 다른 말을 밀었다. 왕과 왕비는 열기구를 선호한 반면, 샤르트르 공작은 수소기구를 밀었다. 결국엔 공작이 선택한 수소기구가 더 빠르고 높이 나는 것으로 판명되었다.

1785년 11월, 오를레앙 공 필리프가 죽었다. 샤르트르 공작은 이제 왕가에서 서열이 가장 높은 대공인 오를레앙 공이 되었다. 새 공작의 눈에는 오를레앙 공이라는 명성 따위는 그것에 따라오는 부(광대한 땅과 연간 600만~700만 리브르에 이르는 수입)에 비하면 하찮은 것으로 보였다. 씀씀이가 헤픈 공작에게 돈을 빌려주었던 사람들은 안도의 한숨을 내

경제개혁 노력이 저항에 부닥친 가운데 재정위기를 타개하기 위해 루이 16세는 1789년 5월 삼부회를 열었다. 그러나 그것은 군주제에 치명적인 결과를 가져왔다.

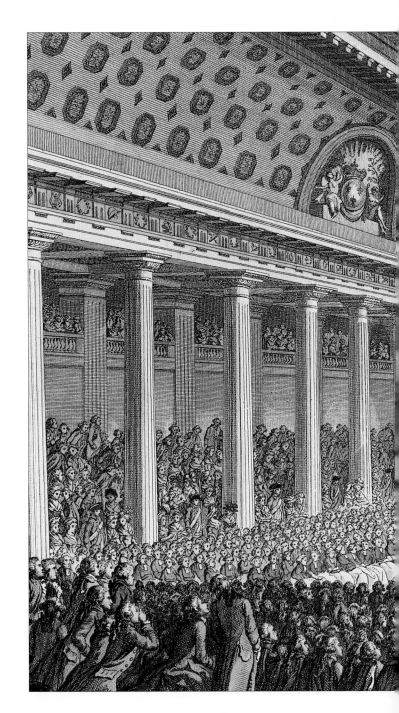

쉬었다. 그것은 아마 공작도 마찬가지였을 것이다. 그는 팔레루아얄 개조를 완성함으로써 오를레앙 공 지위를 물려받은 사건을 축하했다. 온 파리 시민이 그 즐거움을 함께 누리려고 몰려왔다. 매점을 불하받은 사람들은 큰돈을 벌었고, 공작 역시 그러했다.

사업에 맛을 들인 오를레앙 공은 새로운 화학산업으로 관심의 폭을 넓혔다. 그 당시 고귀한 손을 상업에 담근 귀족은 그뿐만이 아니었다. 장인인 팡티에브르 공작은 주물공장을 여러 개 소유하고 있었다. 섬유산업과 석탄채굴에 손을 댄 공작과 대공도 있었다. 베르사유에서 분을 바르고 게으르게 살아가던 사람들은 이들의 행동을 비웃었겠지만, 상업에 눈을 돌린 형제들은 그들보다 우위에 섰다. 그들은 새로운 부의 원천뿐만 아니라, 새로운 정체성도 발견했다. 그들은 사회적으로나 경제적으로 구체제에 덜 얽매여 있었기 때문에, 구체제가 해체되는 것을 싫어할 이유가 없었다. 그런데 실제로 구체제는 벼랑 끝을 향해 다가가고 있었다. 1787년 무렵 프랑스는 파산지경에 이르렀다. 왕과 궁정 사람들의 방탕한 생활은 국고를 탕진시켰다. 루이와 그의 신하들은 난국을 타개할 수 있는 유일한 방법은 세금을 더 징수하는 것뿐이라고 생각했다.

나라 전체에서 삼부회를 열라는 요구가 빗발쳤다. 삼부회는 프랑스 사회의 각계각층을 대표하는 신분제 의회였는데, 제1부는 성직자 계급, 제2부는 귀족 계급, 제3부는 농민과 노동자, 부르주아지를 비롯해 그밖의 모든 사람을 대표했다. 11월 19일 귀족들을 소집한 회의에서 루이는 당장 1억 2,000만 리브르의 세금을 새로 거둬들이는 조건으로 삼부회를 열겠다고 제안했다.

오를레앙 공은 그것을 받아들일 수 없었다. 그는 전통적으로 삼부회 소집은 왕의 승인을 얻을 필요가 없다는 사실을 알고 있었다(나머지 사람들도 모두). 그는 자리에서 일어서서 "전하, 그것은 법에 반하는 것입니다!"라고 말했다. 그의 발언은 방안에 총성처럼 울려퍼졌다. 일찍이 대공이 왕 앞에서 감히 왕의 권한에 법적 또는 헌법적 제한이 있다고 말한 적은 한번도 없었다.

루이는 도전을 용납할 기분이 아니었다. 그는 또 한 번 골칫덩어리 공작을 유배시켰다. 파리 고등법원의 모든 법관들이 오를레앙 공을 지지하고 나서자, 왕은 그들 역시 유배시키라고 명령했다. 그러나 몇 달 지나지 않아 왕은 그들을 돌아오게 하지 않을 수 없었고, 1789년 5월 삼부회를 소집하기로 약속했다.

제1부와 2부의 성직자와 귀족 계급이 제3부 대표자의 수를 제한하려고 하자, 오를레앙 공이 반대하고 나섰다. 그는 왕에게 등을 돌렸듯이, 보수 기득권층에도 등을 돌렸다. 그는 더 급진적인 변화를 요구하는 사람들과 운명을 같이하기로 했다. 오를레앙 공 자신은 비록 창의력이 아주 뛰어나진 않았지만, 훌륭한 아이디어를 가진 사람과 기자에게서 좋은 생각을 얻을 수 있었다. 그중에는 귀족의 음란한 생활과 표리부동한 태도를 연대기적으로 서술한 악

명 높은 소설, 〈위험한 관계〉를 쓴 쇼데를로 드 라클로도 있었다. 공작은 라클로와 그의 동료들을 이용해 자신의 개혁정책을 널리 알리고 적을 중상했으며, 자신의 대중적 이미지도 널리 홍보했다.

그러나 오를레앙 공은 정열적이긴 했으나, 행동보다는 말을 좋아하는 경향이 있었다. 그의 친구이자 과격한 운동가였던 자크 피에르 브리소는 이렇게 말했다. "혁명을 준비하려면 높은 도덕성과 열정적인 팸플릿이 필요했다. 그것은 독재에 신물난 사람들과 공작을 연대시킬 수 있는 모든 것이었다. 그러나 공작은 성대한 식사를 하면서 계획을 세우는 것 이상은 하지 않았으며, 접대를 담당한 시종들은 대부분 첩자였다."

그렇지만 공작은 결국 자신이 혁명의 기운이 들끓고 있는 위험한 나라를 여행하는 귀족에 불과한 자가 아님을 증명하는 제스처를 보여주었다. 공화국에 대한 신념을 보여주기 위해 그는 필리프 오를레앙 공이라는 귀족 칭호를 버리고, 평등공 필리프란 호전적이고 근대적인 이름을 사용하기로 했다. 그가 살고 있던 궁전의 이름도 바꾸었다. '왕의 궁전'이란 뜻의 팔레루아얄은 군주제에 반대하는 혁명이 일어나고 있는 시기에 어울리지 않는 이름이었다. 그래서 '혁명정원'이란 이름으로 바꾸었다.

새 이름은 아주 적절했다. 1789년 10월 베르사유로 진격해 왕과 왕비를 체포한 군중이 출발한 지점이 바로 이 혁명정원이었다. 평등공 필리프는 곧 루이 16세와 그 할아버지인 루이 15세가 자신에게 가했던 모든 모욕과 유배형에 대해 달콤씁쓸한 복수를 한다. 왕에게 선고를 내리는 시간이 다가왔을 때, 반왕정주의자였던 필리프는 사형에 표를 던진다.

| # 새로운 중산층

디드로가 편찬한 〈백과전서〉에 따르면, 부르주아지는 '대개 도시에 거주하는 사람'을 말한다. 그러나 일반적으로 부르주아지는 노동자와 귀족 사이에 위치한 계층인 중산층을 가리키는 말로 쓰였다. 부르주아지 안에도 프티트 부르주아지(적은 수입으로 살아가던 상인을 포함한)에서부터 오트 부르주아지(재산이 귀족과 맞먹거나 오히려 그 이상이고, 종종 귀족 가문과 결혼까지 한)까지 여러 계층이 있었다.

부르주아지는 18세기에 새로운 문화를 만들어냈다. 그들은 귀족과 마찬가지로 하인들에게 허드렛일을 시켰고, 값비싸고 훌륭한 물건들로 자신과 집을 장식했다. 그러나 그들은 귀족과는 달리 경제적 이익을 적극적으로 추구했고, 남편과 아내가 한 집에 같이 살면서 아이를 손수 키우며 단란한 가정을 만들려고 노력했다. 부르주아지의 수가 많아지면서 1760년에서 1790년 사이에 파리에 건축 붐이 일었으며, 이 기간에 수도의 면적은 세 배로 늘어났다. 한 작가는 그것을 경이롭게 기록했다. "거대한 건물 블록들이 마치 마술처럼 땅 위에서 솟아오르고, 새로 들어선 지역들은 웅장한 맨션들로 가득하다." 센 강을 지나가는 퐁뇌프 근처의 도시 풍경을 묘사한 아래 그림에서 새로 지어진 그러한 집들을 볼 수 있다.

유행에 앞서가는 가족이 벽난로 앞에서 아이들과 함께 코코아를 마시고 있다. 한 아이는 여러 가지 장난감을 식탁으로 가져오고 있다.

여성 가정교사가 선생을 만나러 가는 학생의 옷에 묻은 먼지를 털어주고 있다.

# | 가족의 유대를 강화하다

귀족가문 사이에서 정치적 또는 경제적 이유로 혼인관계를 맺는 관행은 중산층에도 어느 정도 스며들었지만, 대부분의 중산층은 애정에 기초해 결혼했다. 상류층은 그러한 결혼을 경멸하면서도 낭만적인 것으로 보았는데, 철학자 몽테스키외 남작도 그런 입장에서 다음과 같이 썼다. "우리는 행복한 결과를 낳은 많은 결혼과 정숙한 여성들을 자부할 수 있다. 우리가 언급한 사람들은 깨어지지 않고 조화를 이루고 살며, 모든 사람에게 사랑과 존경을 받는다." 늘 그렇듯이 진실은 양극단의 중간에 있었다. 대부분의 부르주아 부부는 함께 살면서 최선을 다하려고 노력했다.

장 자크 루소 같은 계몽주의 사상가들의 권고에 따라, 프랑스의 부르주아 가족들은 집에서 아이를 키우는 즐거움을 다시 발견하기 시작했다. 아이를 2년여 동안 시골에 있는 유모에게 보내 키우는(그곳에서는 유아 사망률이 아주 높았다) 대신 아이에게 직접 젖을 먹이는 어머니가 점점 늘어났다. 게다가 루소는 자신의 교육이론을 설파한 소설 〈에밀〉에서 아이를 기숙학교에 보내는 관행을 비난했다. 그는 아이의 도덕적 본성과 독특한 개성을 가장 잘 북돋울 수 있는 집에서(가정교사의 도움을 받아) 어린이를 가르쳐야 한다고 강하게 주장했다.

가족과 친지가 새로 탄생한 아이를 보고 있는 동안 좀 큰 아이는 앵무새에게 아몬드를 주고 있다.

요리사가 음식을 준비하는 동안 어머니와 아이가 부엌에서 놀고 있다.

시장에서 돌아온 식모가 빵 꾸러미를 내려놓고 있고,
다른 하녀는 문간에서 손님과 이야기를 나누고 있다.

# | 집안일 관리

중산층 가정은 귀족과 마찬가지로 요리에서부터 청소, 장보기, 수선, 가족이나 손님 접대 등의 집안일을 하인에게 맡겼다. 프티 부르주아 가정에서는 하녀 한 명에게 모든 일을 맡겼지만, 부유한 가정에서는 하인을 많이 고용했으며, 남자 하인의 수는 부를 나타내는 하나의 척도로 여겨졌다. 하인은 대부분 시골 출신이었고, 고용기간은 일반적으로 1년 미만이었다. 하인은 주인집에서 사는 경우가 많았는데, 심지어는 그 집의 침실을 사용하기도 했다. 그렇지만 부유한 부르주아는 하인을 고미다락방이나 지하실이나 별채에 따로 떨어져 살게 했다.

비록 하인이 집안일을 다 하긴 했지만, 모든 일이 순조롭게 잘 돌아가도록 감독하는 책임은 여주인에게 있었다. 아르장송 후작은 이상적인 가정 관리에 대해 쓴 글에서 "집안에서는 주인이나 여주인이 단지 신호를 한 번 보내는 것만으로 손님 접대가 잘 이루어질 수 있을 정도로 모든 것이 규율이 잘 잡혀 있어야 한다"고 말했다. 그는 계속해서, 그러한 이상을 달성하려면 여주인은 "혼자 하인들과 있을 때, 자신의 시간 일부를 할애해 지시를 내리고, 지출내역을 꼼꼼히 챙겨야 한다. 물건 하나하나의 값도 알아야 하고, 과연 그만한 값어치가 있는지도 따져보아야 한다"고 말했다.

부르주아 가정에서는 대개 빨랫감을
세탁부(왼쪽 그림)에게 보냈다.
세탁부는 자기 집에서 빨래를 했다.

멋지게 차려입은 상류층 여성이 자신의 내실에서 경대 앞에 앉아 젊은 행상인이 가져온 리본을 살펴보고 있다.

혼자서 커튼을 친 채 공상에 빠진 젊은 여성. 아마도 우아한 개집 위에 내려놓은 소설을 읽고 감흥에 젖었을 것이다.

금속에 닿지 않게 보호해주는 차양이 달린 욕조에서 옷을 반쯤 입은 채 목욕을 하는 여주인에게 하녀가 커피와 연애편지를 가져다주고 있다.

# 여성의 은밀한 안식처

침실과 화장실, 욕실로 이루어져 있고, 때로는 하녀의 방까지 딸려 있는 내실은 귀족 여성의 은밀한 안식처로 사용되었다. 이곳에서 책을 읽거나 잠을 자거나 가까운 친구를 만나기도 했다. 상류층의 생활을 흉내내고자 했던 부르주아 여성은 되도록이면 자신의 방을 귀족 여성의 내실과 비슷하게 꾸미려고 했다. 집 안의 공간이 충분하면 남편과 아내는 각각 다른 구역을 사용했는데, 아내의 방이 남편의 침실보다 더 큰 경우가 많았다. 여성은 내실을 손님을 접대하는 방으로 사용했기 때문에, 침대는 벽감에 들여놓고 보이지 않게 커튼으로 가렸다.

욕실에서도 사생활 보호를 위해 커튼을 사용했으며, 증기탕 효과를 내기 위해 욕조 주위에 커튼을 두르기도 했다. 욕조에는 뜨거운 물을 물통으로 날라다 붓거나 최신 설계방식에 따라 욕실 뒤에 설치한 보일러에서 벽에 난 관을 통해 뜨거운 물을 공급했다. 아직도 침실용 변기를 널리 사용하고 있었지만, 일부 상류층 가정에서는 영국에서 수입한 수세식 변기를 설치했으며, 그것을 '리외 아 랑글루아즈', 곧 '영국 장소'라고 불렀다.

귀족과 부르주아 여성 중에는 작은 개를 좋아하는 사람이 아주 많았기 때문에 내실에는 개집도 있었다. 개집은 방의 나머지 부분과 조화를 이루어 장식했고, 벨벳으로 안을 대기도 했다.

우아한 응접실에서 한 신사가 몰리에르의 희곡을 낭독하는 가운데
다른 사람들은 편한 자세로 귀를 기울이고 있다.

# │친구 접대

파리를 방문한 한 영국인은 프랑스 수도에서는 '쾌락'이 '아주 중요한 일'이라고 썼는데, 18세기의 부유한 파리 사람들의 큰 즐거움 중 하나는 집에서 손님을 접대하는 것이었다. 그러한 환대에는 멋진 식사, 게임, 대화, 음악 등이 포함되었다. 극작가 플로랑 당쿠르는 자신이 쓴 희곡에서 손님을 잘 대접하길 원하는 부르주아 여성의 욕망을 꼬집었다. 한 남자가 자기 아내의 천박한 계획에 대해 불평하자, 그녀는 이렇게 대답한다. "나는 1주일에 겨우 세 번만 음악을 연주하길 바랄 뿐이에요. 나머지 3일은 저녁에 약간의 랑스크네와 옹브르(둘 다 카드 게임의 이름)를 한 다음 멋진 식사를 할 거예요." 그리고 계속해서 이렇게 말한다. "그러면 하루가 남는데, 그날은 대화를 할 거예요. 우리는 좋은 책을 읽고, 새 소식에 대해 토론을 벌이고, 하루 종일 사실상 '정신적인 일'에 몰두할 거라고요."

야심찬 여성들 덕분에 사치스러운 장식품 수요가 늘어났다. 베네치아 인이 16세기까지 그 제조 과정을 비밀에 부쳤던 거울은 크리스털 샹들리에와 에칭 유리 랜턴에서 나오는 촛불을 반사하여 응접실을 훨씬 밝게 해주었다. 솜털을 채운 쿠션과 함께 안락한 소파와 의자는 부피가 큰 스커트를 입은 여성이 편안한 자세로 앉아 장시간 대화를 할 수 있게 해주었다. 장시간 의자에 앉아 있었던 한 여성은 "이 의자가 없었더라면 나는 아무것도 못했을 거예요"라고 말했다.

한 신사가 식사를 마치고 촛불 옆에서 카드놀이를 하는 여성들을 쳐다보고 있고, 하인은 벽난로에 장작을 넣고 있다. 소파에서는 부부가 대화를 나누고 있다.

연애 중인 남녀가 하인들의 눈이 미치지 않는 은밀한 곳에 마련된 작은 식당에서 정겨운 식사를 한 뒤 식탁에서 시간을 보내고 있다.

# 2 ∷ 다가올 세상의 모습

조프랭 부인의 유명한 살롱을 묘사한 그림. 한 배우가 볼테르의 흉상 밑에서 그의 희곡을 낭독하고 있고, 조프랭 부인은 맨 오른쪽의 졸고 있는 손님 옆에 앉아 귀를 기울이고 있다. 참석자 중에는 철학자 루소와 달랑베르뿐만 아니라, 조프랭 부인의 친구이자 역시 살롱을 소유하고 있던 쥘리 드 레스피나스(왼쪽 앞)도 있었다.

"그 눈먼 허풍쟁이 할멈!" 쥘리 드 레스피나스는 그림의 각도를 조절하고 그 효과를 가늠하기 위해 벽에서 뒤로 물러나면서 이렇게 중얼거렸다. 어떻게 감히 데팡 부인이, 감사할 줄 모르는 그 노파가 감히 자신의 충성심을 의심하고, 자기 손님의 환심을 훔치려 한다고 비난할 수 있단 말인가? 자신이 그녀와 그녀의 살롱을 위해 오랫동안 헌신한 것을 생각한다면 어떻게 그런 의심을 할 수 있단 말인가? 쥘리는 씩씩거리면서 자신의 말을 강조하기 위해 손을 내저으면서 이렇게 생각했다.

쥘리는 새로운 거처에서 이 방 저 방을 오가며 의자를 옮기고, 쿠션을 똑바로 하는 등 살롱 주인으로서 사교계 데뷔를 준비하는 동안 변덕스러운 데팡 부인과 사이가 틀어지게 된 사건들이 자꾸만 떠올랐다. 데팡 부인과 알고 지낸 지 10년이 지났는데도, 가장 천한 하인보다도 못한 대접을 받으며 문밖으로 쫓겨나는 수모를 당했다는 생각이 들었다. 10년 동안 그 노파의 죽 끓듯 하는 변덕에 비위를 맞추고, 살롱에 찾아오는 손님들을 접대하고, 그들을 즐겁게 해주었으며, 게다가 노파가 완전히 시력을 잃은 뒤에는 자신이 그 눈 역할까지 해주지 않았던가! 그리고 어째서 자신의 '샤 소바주(들고양이)'라고 부르던 노파의 친구인 유명한 수학자 장 르 롱 달랑베르가 자신이 데리고 있던 젊고 예쁜 여성에게 관심을 보인 게 내 탓이란 말인가! 중년 남자가 나한테 잘못된 연정을 품는 게 어째서 내 잘못이란 말인가!

그렇지만 쥘리는 자신의 옛 친구에게 신세를 졌다는 사실만큼은 인정하지 않을 수 없었는데, 그 친구는 자기 고모이기도 했기 때문이다. 게다가 데팡 부인은 조카딸의 삶에서 중요한 한 시기(이복 여동생의 아이들을 가르치며 살던 말할 수 없이 비참했던 시기에)에 개입하기까지 했다. 그때 쥘리는 사생아로 태어난 여자가 택할 수 있는 탈출구 중 하나로 수녀가 될까 심각하게 고민

살롱 주인이 된 대부분의 여성과 마찬가지로 쥘리 드 레스피나스는 도제생활을 통해(고모인 데팡 부인의 살롱에서) 대화와 묵상의 기술을 배웠다. 레스피나스의 살롱은 그 시대의 쟁점이 된 현안에 대해 솔직한 논의가 이루어지는 장소로 유명했다.

하고 있었다. 데팡 부인은 쥘리에게 머물 수 있는 일자리와 장소를 제공했고, 조카딸을 '예의바르게, 심지어 정중하게' 대우하겠다고 약속했다. 그에 대한 대가로 쥘리는 항상 '정직하고 성실하게' 고모를 대하기로 했다. 만약 이를 어길 시에는 "내가 얼마나 무자비한 사람인지" 알게 될 것이라고 고모는 경고했다.

그렇지만 그것은 10년 전인 1754년에 한 약속이고, 그 동안 쥘리가 부주의하게 데팡 부인이 그어놓은 한계를 넘어섰다 하더라도, 사생아로 태어난 굴레를 극복하기 위해 많은 노력을 했다. 그 결과 쥘리는 어떤 여성도 감히 꿈꾸기 힘든 종류의 독립을 얻었다. 데팡 부인의 살롱은 빛의 세기를 밝힌 철학자들이 모이는 장소였다. 그곳은 독립적인 정신을 가진 여성이 재능을 충분히 발휘할 수 있는 극히 드문 장소이기도 했다. 진지한 대화도 격식을 갖추고 위트를 섞어 화기애애한 분위기 속에서 나누는 이곳에서는 여성이 충분히 존경받을 수 있었고, 국경 없는 계몽주의 문학계와 과학계 최고의 사상가들과 지적으로 동등하게 대접받을 수도 있었다.

그러나 흰색 패널로 장식된 응접실과 안정된 가구들로 장식된 복도를 훑어보던 쥘리는 그날이 너무 늦게 찾아왔다고 생각했다. 경제적 자유를 얻기 위해 작은 하숙집을 여럿 운영하면서 자신의 살롱을 소유하게 된 그녀는 데팡 부인 밑에서 익힌 사교술을 사용해 자기 스타일대로 끌고나갈 수 있게 되었다. 데팡 부인이야 애지중지 키워 버릇이 없어진 개와 걸음걸이가 비틀거리는 구혼자들, 정식 의사라고 오해했던 돌팔이 의사들이 잘 돌봐줄 것이다. 쥘리는 자기 책상 위에 놓인 볼테르의 흉상에 붙은 먼지를 훅 불면서 자신은 그만하면 할 만큼 했다고 생각했다.

쥘리는 운 좋게도 고모 집에서 한 블록도 채 떨어지지 않은 곳에 집을 얻은 것을 떠올리며 심술궂은 미소를 지었다. 그렇게 가까운 곳에 집을 얻은 것도 고모를 화나게 한 원인 중 하나였다. 3층짜리 연립주택의 2층과 3층에

세를 얻은 거처는 문자 그대로 격조를 한 단계 높인 것이었다. 형식에 전혀 신경 쓰지 않는 철학자들조차 데팡 부인이 세를 얻어 사는 곳보다 이곳을 훨씬 편안하게 느낄 것이다. 데팡 부인은 많은 미혼 여성과 마찬가지로 한동안 수녀원을 숙소로 삼았는데, 그 주소는 자유로운 사상을 가진 사람조차 움찔하게 만들기에 충분했다.

쥘리는 데팡 부인의 살롱에 자주 드나들던 사람 중 최소한 한 사람만큼은 자신의 살롱으로 올 것이라고 확신했다. 실제로 데팡 부인이 자신의 샤 소바주(들고양이)인 달랑베르에게 자신에 대한 충성과 쥘리에 대한 사랑 중에서 하나를 선택하라고 최후통첩을 보냈는데, 그가 쥘리를 선택했다는 소문이 나돌았다. 달랑베르에 못지않게 젊은 살롱 여주인의 매력에 흠뻑 빠진 다른 사람들도 같은 선택을 할 가능성이 높았다. 더구나 쥘리는 데팡 부인처럼 1주일에 하루 저녁만 살롱을 개방하는 것이 아니라 매일 저녁 개방하겠다고 공언했기 때문에 더욱 그럴 가능성이 높았다. 그렇지만 쥘리는 고모와는 달리 밤새도록 손님들을 접대할 수 있는 계획이 없었다. 대신에 그녀는 손님들에게 5시에 살롱에 와도 되지만 9시까지는 돌아가야 한다는 사실을 분명히 했다. 그렇게 하여 그들에게 저녁식사를 제공해야 하는 부담을 덜 수 있었다.

비록 자신의 살롱에서는 음식은 부족할지 모르지만, 항상 풍성한 대화가 끊이지 않게 하겠다고 쥘리는 다짐했다. 매일 저녁 벌어지는 토론의 주제는 종교, 철학, 정치 등을 가리지 않고 제한을 두지 않기로 했다.

또 쥘리는 초대 손님을 남성으로만 한정하지 않았다. 많은 살롱에서는 여성이라고는 여주인 한 명뿐이었는데, 루소는 그것을 '남자들로 이루어진 하렘'이라고 비꼬았다. 쥘리는 오래 전부터 조프랭 부인의 살롱에 수요일마다 정기적으로 참석했는데, 그것은 친구이자 살롱 여주인인 쉬잔 네케르가 뒷날 "여성은 도자기 상자 속에 집어넣는 천처럼 대화와 삶의 빈 공간을 채운다. 비록 그것은 아무 가치도 없는 것으로 여겨지지만, 그것이 없으면 모든 것이 부서지고 만다"라고 예리하게 지적한 사실을 미리 실천한 셈이었다.

1774년까지 쥘리 드 레스피나스는 10년 전 살롱 여주인으로 첫 여름을 맞이한 이래 많은 도자기 상자에서 천 역할을 해왔다. 10년 동안 저녁의 대화를 조율하는 일을 계속하다 보니 스트레스도 많이 받았다. 얼마 전에 새로 사귄 애인인 31세의 자크 앙투안 드 기베르 백작에게 그만이 자신의 삶을 견디게 해준다고 털어놓았다. 특히 절망에 빠진 그해에 그녀는 "변변치 못한 작가와 천박한 지식인, 얼간이, 현학자들 사이에서 나날을 보내면서 나는 오로지 당신만 생각해요"라고 고백했다.

그 10년 동안 쥘리의 살롱은 파리 전체에서 가장 유명한 살롱으로 부상했고, 쟁쟁한 인물들이 포함된 손님 명단은 그녀에게 '백과전서파의 뮤즈'라는 명성을 가져다주었다. 그렇지만 그녀는 '변변치 못한 작가들'의 아첨에 흔들리지 않기로 결심했다. 자신의 얼굴은 그것과는 다른 이야기를 말해준다는 사실을 잘 알고 있었다. 거울 앞에 서면 그 고통스러운 사실을 분명히 확인할 수 있었다. 이제 42세가 끝나갈 무렵이라 갈색 머리카락 사이에는 흰 머리카락이 여기저기 돋아나 있었다. 얼굴에는 1764년에 첫 번째 손님들을 맞이하고 나서 몇 달 뒤 거의 목숨을 앗아갈 뻔한 천연두가 남기고 간 곰보 자국이 남아 있었다. 이마의 주름은 친근한 얼굴 표정을 배신했다. 검은색 눈은 16년 전의 자살 기도에 대한 기억으로 더 검어 보였다. 그리고 예리한 관찰자라면, 그녀의 안색을 보고서 아편에 중독됐다는 사실을 알아챌 수 있었을 것이다.

그러나 쥘리는 마약은 문제가 아니라고 생각했다. 그것(그리고 젊은 기베르 백작)은 그녀가 하루하루를 버텨나가는 걸 도와주었다. 쥘리는 편지에서 "살아 있는 느낌이 들지 않는데도 살아 있다는 것은 얼마나 이상한가!"라고 썼다. 또 "오늘 오후에 두 시간 동안 나는 단 한 사람의 얼굴도 알아볼 수 없었

다"고 무덤덤하게 털어놓았다. 그녀는 하루에 여러 차례 최고 네 알까지 아편을 복용했는데, 그것은 그다지 이상한 행동으로 여겨지지 않았다. 그 당시에는 많은 사람들이 아편을 복용했으며, 설탕이나 마시멜로와 혼합한 조그마한 아편 환약은 파리의 고급 향수가게 어디서나 쉽게 살 수 있었다. 그녀는 이 작은 위안거리에 대해 "그것은 내게 마음의 평화를 가져다준다"고 썼다. 그것은 그녀에게 '잠보다도 더 귀중한' 마음의 평화를 가져다주었다.

최악의 시기에는 햇살이 창문에 비치기 전에 아편 몇 알을 복용하기도 했다. 다행히도 지금은 그런 시기가 아니었고, 하인들이 어젯밤 모임 뒷정리를 하러 드나드는 동안 쥘리는 커피만 마시고 아침을 보냈다. 오후도 순식간에 지나갔고, 쥘리는 자기도 모르는 사이에 한 손으로 턱을 받치고 열린 창문 밖으로 얼굴을 내민 채 첫 번째 손님이 도착했음을 알리는 말발굽 소리에 귀를 기울이고 있었다. 돔 모양의 성당 지붕과 교회 첨탑으로 이루어진 파리의 스카이라인 위로 태양이 숨어들 무렵, 그녀의 집 밖 생도미니크 가에서는 사람들이 조용히 움직이고 있었다. 쥘리는 도로 위에 떨어진 말똥을 피해가며 걸어가는 세 행인을 바라보면서 이때가 하루 중 가장 행복한 시간이 아닐까 하는 생각이 들었다. 또한 저녁 모임이 시작되기 직전의 이 시간도 1년 중 지금이 가장 좋았는데, 투명한 공기가 8월의 열기를 머금은 채 떠돌고, 오후의 황금빛 햇살이 내리쬐는 나른한 여름이었다.

매일 저녁 누가 맨 먼저 도착할지는 알 수 없었지만, 쥘리는 진흙이 여기 저기 묻은 마차가 멈춰서고, 거기서 르 봉 콩도르세로 불리는 젊은 남자가 내리는 것을 보고 그다지 놀라지 않았다. 그는 지난 5년 동안 정기적으로 살롱에 드나든 사람이다. 이 젊은 수학자의 오른쪽 발이 보도에 닿는 순간, 응접실 시계가 5시를 알리며 종을 치기 시작했다. 쥘리는 창가에 잠깐 더 머물다가 2층으로 올라오는 발소리를 들었다. 그녀는 곧 의례적인 영접을 하러 나갔다. 만면에 미소를 띠고(때로는 진심으로, 때로는 의례적으로), 한쪽 **뺨**에 한 번씩 두 번의 키스를 하고, 몇 마디 말을 주고받은 뒤, 손님들을 한 사람씩 팔로 잡고 편안한 의자로 안내한다. 콩도르세가 자기가 늘 앉던 의자에 앉자마자 작가인 장 프랑수아 마르몽텔이 쥘리의 안내를 받아 응접실로 들어섰다. 곧이어 개혁적 성향의 관료 안 로베르 자크 튀르고가 왔고, 〈백과전서〉의 편집 책임자인 드니 디드로도 흔치 않은 행차를 했다. 또 참석할 것이 확실하고 늘 환영받는 샤티용 공작 부인이 있고, 수학자 달랑베르도 늦지 않게 올 것이다. 달랑베르는 쥘리가 살고 있는 연립주택의 꼭대기층 방 세 개를 거의 10년 동안 세들어 산 적이 있었다.

대개는 재치가 뛰어나고 명석한 달랑베르가 특유의 높은 목소리로 저녁 토론을 이끌었는데, 오늘 밤도 예외가 아니었다. 쥘리는 따분한 기색을 전혀 내비치지 않고 경청했다. 쥘리는 달랑베르가 정말로 훌륭한 사람이라고 생각했는데, 그 또한 자기와 마찬가지로 사생아로 태어났다. 쥘리는 그가 조그마한 생장르롱 교회의 계단에서 나무 상자에 들어 있는 자신을 경찰이 발견한 이야기를 하는 걸 종종 들었다. 또 수녀였다가 유명한 살롱 여주인이 된 클로딘 알렉상드린 드 탕

드니 디드로(왼쪽)는 〈백과전서〉를 편찬할 때, 수학자 장 르 롱 달랑베르(아래)의 도움을 받았다. 그러나 1759년, 달랑베르는 프랑스 검열당국의 반응이 두려워 그 일에서 손을 떼었다.

〈백과전서〉에 실린 많은 항목들은 사물의 구조를 설명했다. 아래 그림은 마차의 부품들을 자세히 보여준다.

# | 세상의 모든 지식을 집대성하다 |

프랑스 계몽주의 철학자들은 지식은 행복에 이르는 길이라고 말했다. 1751년, 드니 디드로는 세상의 모든 지식을 전달하겠다는 단순한 목적을 세우고 35권에 이르는 방대한 백과사전 중 첫 번째 권을 출판했다. 이 백과사전은 '랑시클로페디', 곧 '백과전서'라는 이름으로 알려진다.

디드로는 이 방대한 작업을 완성하기 위해 문필가, 학자, 철학자 200명 이상에게 도움을 요청했고, 각자는 자기 전문분야에 관한 항목을 집필했다. 달랑베르는 수학, 케네와 튀르고는 농업, 루소는 정치경제학과 음악, 볼테르는 문학비평과 역사와 정치를 맡았다.

〈백과전서〉는 파리에서 큰 화제를 불러일으켰는데, 정치권과 교회에서 큰 반발을 보여 한동안 탄압을 받기도 했다. 그렇지만 〈백과전서〉는 법, 정부, 종교 같은 주제뿐만 아니라, 해군전술, 외과수술, 밧줄 만들기, 인쇄기술, 테니스, 말 타는 법 등 광범위한 주제에 관해 실용적이고 유익한 정보를 풍부하게 담았다. 2절판 책으로 제작된 〈백과전서〉 중 11권에는 여러 가지 주제에 관련된 유용한 도판이 가득 차 있어 18세기 프랑스 사람들이 살아간 모습을 자세히 보여준다.

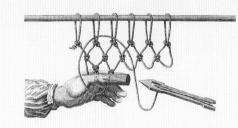

직업에 관한 항목에서 디드로는 그물 짜는 법을 비롯해 수산업에 관련된 여러 측면을 보여주는 그림을 실었다.

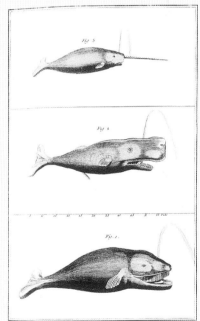

박물학의 한 항목에서는 외뿔고래와 수염고래가 분기공을 통해 물을 내뿜는 모습을 그림으로 보여준다.

이 그림은 펜싱의 기술과 장비만 보여주는 것이 아니라, 야간에 초롱과 검을 든 적의 습격을 받았을 때 방어하는 기술(망토를 사용해)도 보여준다.

생이 자기 어머니라는 이야기, 그녀가 자신을 아들로 인정하길 냉담하게 거절했다는 이야기, 기병장교 출신인 아버지 데스투슈가 아이를 구하러 와 유리 직공의 아내인 루소 부인에게 맡긴 이야기도 들었다.

다만 달랑베르가 세상에 태어나자마자 버림받았다는 사실은 비록 불행하긴 하지만, 그렇게 특이한 일은 아니라는 이야기는 하지 않았다. 원치 않는 아이를 교회나 병원 계단에 버리는 일

### 미술계

루브르(위)에서 2년마다 한 번씩 열리는 왕립회화조각 아카데미 전시회는 파리에서 아주 중요한 문화행사였다. 오직 아카데미 회원만 작품을 출품할 수 있었는데, 심사를 거친 전시회는 미술에 대한 대중의 관심을 크게 확대시켰다. 그것은 또한 미술비평을 활성화시켰고, 데생과 형상을 강조하는 보수적인 화가들과 터치와 색채를 실험하던 신진 화가들 사이에 격렬한 논쟁을 촉발시켰다.

이 흔하다는 사실은 파리 시민이라면 누구나 알고 있었다. 이러한 관행은 단지 가난한 사람들 사이에서만 볼 수 있는 게 아니었다. 부자들도 불편을 초래할 것으로 보이는 아이가 태어나면 쉬운 길을 택하곤 했다.

어느 모로 보나 달랑베르의 불행한 출발은 그 뒤의 삶에 그다지 나쁜 영향을 끼친 것 같진 않았다. 아버지가 죽은 다음 물려받은 유산으로 평범한 직공의 가정에서 충분한 교육을 받으며 자랄 수 있었다. 게다가 그는 24세 때 명성 높은 프랑스 과학 아카데미 회원으로 선출되었고, 그 뒤 평생 동안 큰 업적을 쌓아 과학자로서 존경받았다. 그러나 친구들은 달랑베르가 48세 때까지 양어머니인 루소 부인과 함께 살았다는 사실을 알고 있었는데, 마지못해 어머니와 떨어져 살게 되었을 때 한 익살맞은 친구는 "축하할 날일세. 달랑베르가 젖을 떼었다네!"라고 말했다.

그렇지만 당대의 명사 중 한 명인 달랑베르가 자신의 손님들을 접대하는 것을 보면서 쥘리는 그가 57세의 나이에도 불구하고 매력적이고 잘생겼다고 생각했다. 달랑베르는 그녀에 대한 사랑을 감추지 않았지만, 쥘리는 그 사랑에 화답할 수 없었다. 얼마 전에 애인인 에스파냐의 호세 데 모라 이 곤사가 후작의 죽음으로 비탄에 빠져 있던 그녀는 이제 기베르 백작의 보살핌을 받고 있었다. 그녀의 오페라 박스 곁방에서 밀회를 가질 때 보여준 그의 관심은 그녀에게 호감을 주었다. 쥘리는 달랑베르에게 자기 집을 함께 사용하게 하기도 하고 심지어 함께 식사하는 것도 허락할 수

화가 엘리자베트 비제 르브룅의 자화상. 마리 앙투아네트는 그녀를 총애하여 왕립 아카데미 회원으로 선출될 수 있도록 힘써 주었다.

있었다. 달랑베르는 쥘리를 위해 편지를 써주고, 쥘리의 사업과 재정문제를 대신해줄 수도 있었지만, 쥘리는 그의 정부가 되고 싶은 감정은 전혀 들지 않았다.

달랑베르의 흉내내기는 언제나처럼 좌중에 큰 웃음과 박수갈채를 이끌어 내곤 했다. 대화가 소강상태에 빠지자, 쥘리는 여주인이라는 특권을 행사하여 의도적으로 '지식인 사회'라는 용어를 섞어 철학자들이 당면한 어려운 문제에 대해 질문을 던지곤 했다.

"지식인 사회는" 달랑베르는 이렇게 서두를 꺼내면서 그 방에 모인 많은 사람들의 가슴에 와닿는 주제에 관한 이야기를 시작했다. 달랑베르는 이 유령정부를 구성하고 있는 작가들과 사상가들이 '철학과 기호문제에 관해 나머지 국민 모두를 위해 법을 만들어야' 한다고 생각했고, 청중에게 그러한 공공의 봉사는 그 어느 때보다도 더 절실하게 필요하다는 사실을 상기시켰다. 새로운 통치시대(루이 16세의)의 개막으로 더 계몽적인 정부가 출범할 가능성이 높아졌기 때문이다. 가톨릭 교회가 기름을 붓고, 법정의 그 지지자들이 부채질하는 종교적 불관용(달랑베르의 친구 볼테르가 '랭팜'이라고 부른)에 대한 지속적인 감시 또한 필요했다.

달랑베르에게는 이러한 것들이 무척이나 익숙한 주제였다. 그는 수십 년 전부터 지식인 사회는 지성인 공동체로서 자치적이어야 하고, 그 '시민'들은 자유와 진리, 독립의 원칙에 따라 행동해야 한다고 주장해왔다. 모든 지식인의 이상적 모델이 과학자인 만큼 이 사회는 과학계를 모델로 삼아야 한다고 달랑베르는 주장했다.

쥘리는 살롱 여주인의 사교술로 이견을 억누를 준비가 되어 있었지만, 이러한 주장에는 이견이 있을 수가 없었다. 적어도 그 살롱에서는 그랬다. 달랑베르는 청중이 이러한 견해를 지지한다는 사실을 알고 있었는데, 그중에서도 동료 수학자인 마리 장 앙투안 니콜라 카리타 드 콩도르세가 특히 강력히 지지했다.

아직 30대인 콩도르세는 달랑베르처럼 기병장교의 아들이었다(사생아는 아니었지만). 그러나 신앙심이 매우 깊은 어머니를 둔 것이 그에게는 불행이었다. 어머니는 그에게 8세가 될 때까지 흰옷만 입혔으며, 성모 마리아의 이름을 따 아들의 이름을 마리라고 지었다. 이러한 가정환경과 그 뒤 예수회 학교에서 받은 교육 때문에 콩도르세는 오히려 모든 종교는 미신이라는 생각을 키우게 되었다.

쥘리는 콩도르세가 자기 살롱에 맨 처음 왔을 때가 생각났다. 그때 그녀는 그를 사교계의 예절에 익숙하게 함으로써 그가 잘못 받은 교육의 결점을 바로잡으려고 했다. 쥘리는 그에게 손톱을 물어뜯지 말라고 말했고, 지금도 그가 손톱을 물어뜯을 눈치가 보이면 얼른 꾸짖곤 했다. 다행히도 이제 그는 이전보다 입술을 덜 깨물게 되었고, 다른 사람에게 말할 때 눈 마주치는 것을 피하거나 몸을 구부리는 행동도 덜하게 되었다. 가발의 분가루가 그의 귀에 내려앉는 것도 이제는 더이상 큰 문제가 되지 않았다.

그렇지만 콩도르세에게 연구에 쏟아붓는 많은 시간 중 일부를 사랑의 과학으로 돌리는 게 훨씬 낫다고 설득하는 데에는 실패했다. 그럼에도 불구하고 쥘리는 선량한 콩도르세가 '가장 공정한 마음을 가진 사람'이며, 주위 세상의 불평등에 대해 그만큼 큰 관심을 기울이거나 사회정의를 열정적으로 추구하는 사람도 드물다고 썼다. 그는 '눈 덮인 화산'이란 별명으로 널리 알려졌는데, 공익을 위협하는 요소에 대해 순식간에 의분이 폭발하는 사람이라는 뜻으로 그런 별명이 붙었다. 사실 가끔 쥘리는 욱하는 그 성질을 좀 가라앉히라고 이야기하곤 했다. "선량한 콩도르세 씨, 당신의 본질에서 기분과 정력을 좀 자제하세요. 그것이 당신이 옹호하는 이성과 인간애를 위하는 길이에요."

콩도르세는 이성과 인간애는 진보의 원동력인 반면, 진보 자체는 인류의

프리메이슨 단의 상징과
기호가 수놓인 이 의식용
에이프런은 라파예트가
자신의 친구이자 동료인
조지 워싱턴에게 준 것이다.

1740년 프리메이슨 단에
가입할 회원이 입회식을 위해
눈이 가려진 채 파리의
한 지부회의로 인도되고 있다.

# | 프리메이슨 단의 비밀의식 |

18세기의 프랑스에는 비밀결사가 많이 생겼는데, 그중에서 가장 큰 인기를 누린 것이 프리메이슨 단이었다. 10만 명에 이르는 회원은 프랑스 혁명 이전 시기에 계몽사상을 전국에 확산시키는 데 큰 역할을 했다.

전설상의 기원이 중세 영국의 석공과 성당 건축가를 지나 심지어는 솔로몬의 사원 건축가까지 거슬러올라가는 프리메이슨 단은 서약과 암호와 기호 및 특별한 악수 방법 등을 사용하는 비밀결사였다. 이러한 비밀스러운 장치와 석공의 연장(끌, 작은 망치, 컴퍼스, 자, 수준기)을 상징으로 사용하는 관행은 18세기 동안 죽 유지되었으며, 지부라고 불린 철학적 사교 클럽에 귀족과 관리, 군인, 상인, 과학자, 철학자, 성직자까지 가입하면서 그 세력이 크게 불어났다. 회원들은 프리메이슨 단의 기본이념(관용, 이성, 인도주의, 평등, 충성)을 성실히 따르고, 절대자인 우주의 대건축가를 믿었다.

프리메이슨 단은 유럽의 다른 지역으로도 급속히 확산되었다. 파리에서는 평등공 필리프가 관장하던 일곱 자매 지부가 프랑스의 일부 명망가들이 모이는 장소였다. 볼테르, 몽테스키외, 콩도르세, 달랑베르, 라파예트 등이 모두 회원이었고, 미국에서 온 방문 형제인 벤저민 프랭클린 프랑스 대사와 해군 함장 존 폴 존스도 회원이었다. 지부 안에서는 단합과 평등의 정신 아래 당대의 문제들에 대해 자유롭게 토론할 수 있었다. 한 프랑스 지부회원은 그 덕분에 프리메이슨 단원들은 '진정한 빛을 받은 유일한 사람들'이었다고 말했다.

입회자가 천으로 얼굴을 가리고 의식용 융단 위에 누워 있는 가운데 지부의 간부들이 검을 뽑아들고 입회자에게서 신성한 서약을 받아내고 있다.

희망이라고 보았다. 이를 위해 그는 뒷날 자신이 '사회수학'이라 부른 연구를 통해 기여한다. 사회수학은 이성과 확률 법칙에 뿌리를 둔 과학이다. 콩도르세는 그것이 실제로 응용되어 사회악을 치료하는 데 도움이 되길 바랐다.

딴생각에 잠긴 얼굴 표정으로 보아 콩도르세는 달랑베르의 이야기를 들으면서 속으로는 사회수학 이론을 생각하고 있었는지도 모른다. 실제로 사람들은 늙은 달랑베르의 새된 목소리(지금은 사회정책의 형성과정에서 여론의 역할에 관해 이야기하고 있다)를 듣다 보면 가끔 딴생각으로 빠져들곤 했는데, 지금도 그랬다. 한 사람이 대화를 독점하는 일이 없도록 늘 신경 쓰던 쥘리는 대화가 달랑베르의 독백으로 흘러가지 않게 재빨리 끼어들어 튀르고에게 최근에 받은 편지를 읽어주지 않겠느냐고 부탁했다. 분위기 전환이 아주 자연스럽게 이루어졌기 때문에 쥘리의 살롱은 쥘리가 '천재성에 가까운 재주'로 연주하는 일종의 악기라는 마르몽텔의 이야기를 생각나게 했다. 그녀는 단 한 마디만으로 자기가 원하는 효과를 정확히 만들어낼 수 있었다.

쥘리는 네 시간이 그렇게 순식간에 흘러갈 수 있다는 사실에 늘 놀라곤 했다. 어느 순간에 9시가 되어 있었고, 마치 명령이라도 받은 듯 대부분의 손님은 자리에서 일어나고 있었고, 남아 있는 몇몇 사람(그중에는 달랑베르도 끼어 있었다)도 곧 자리에서 일어날 것이다.

이들이 일찍 떠나고 나면, 쥘리는 개인 시간을 가질 수 있었다. 다른 살롱을 방문한다든가, 아니면 자기가 원할 때 기베르 백작을 위해 시간을 내줄 수 있었다. 쥘리는 두 사람이 '향기로운 독배'라고 부른 그 기억을 아주 소중하게 간직하고 있었다. 두 사람이 함께 입을 댄 그 독배는 오페라 극장에서 있었던 그날 밤의 밀회를 말한다. 그렇지만 기베르 백작의 매력은 쥘리만 독점할 수 있는 것이 아니었다. 다른 여성들도 그의 매력을 충분히 느꼈다. 쉬잔 네케르는 백작이 살롱에서 자신의 희곡을 낭독하면 청중은 황홀한 나머지 실신할 지경에 이르렀으며, 그의 공연이 끝나고 나면 '죽거나 죽어가는 여성들' 이 실려나갔다는 이야기를 즐겨 하곤 했다. 그는 사색적이고 정숙한 모라하고는 딴판이었다. 모라는 폐결핵으로 죽어가면서 쓴 마지막 편지에서 비탄에 빠진 쥘리에게 "난 당신 때문에 죽습니다"라고 썼다.

기베르는 사실 모라하고는 아주 다른 사람이었다. 말과 글이 달변일 뿐만 아니라, 최근에 이전의 애인과 다시 관계를 재개한 것으로 보건대 한 여자에게 충실하지도 않았다. 그 여자와 관계를 끊고 쥘리에게 사랑을 맹세한 지 채 1년도 지나지 않았다. 그나마 그가 사귀는 여자는 둘만이 아니었다. 기베르 백작이, 이것을 뭐라고 표현해야 할까, 동네 수캐처럼 돌아다니며 바람을 피우는 생활을 재개하자, 쥘리는 여러 여자 중 하나에 지나지 않았다.

그렇지만 쥘리는 그를 놓아줄 수 없었다. 다음해인 1775년에 그가 결혼하고 나서도 쥘리는 그를 포기하지 못했다. 쥘리는 그를 너무나도 사랑했고, 게다가 파리는 배우자에 대한 충실성은 기껏해야 희망에 불과하고 간통은 선택사항인 장소였기 때문에, 관계를 중단해야 할 이유가 없었다. 다른 한편으로는 삶을 힘들게 한 것 때문에 기베르가 몹시 미웠다. 그에게 보낸 편지에서 쥘리는 "우리는 죽기 전에 얼마나 많이 죽어야 하나요?"라고 물었다.

백작이 어떤 대답을 했건 간에, 쥘리가 마지막으로 죽음과 벌인 사투가 그 질문에 대한 최종적인 답을 주었다. 1776년 봄에 쥘리는 결핵으로 병상에 눕게 되었다. 쥘리는 붉은색 다마스크 천으로 가린 매트리스 위에 기대 누운 채 몽롱한 상태(열보다는 아편 때문에)로 찾아오는 손님들을 계속 맞이했다. 언제나처럼 쥘리에게 빠져 있던 달랑베르는 물론 쥘리의 곁을 떠날 수 없었고, 종종 선량한 콩도르세도 그와 함께 왔다. 쥘리는 자신의 저녁 살롱에서보다 더 반갑게 그들을 맞이했다.

기베르 백작도 늘 찾아왔다. 그는 과거 어느 때보다도 충실해져 매일 아침과 저녁에 그녀의 침대맡에 머물렀다. 그러나 4월에서 5월로 넘어갈 무렵,

쥘리는 더이상 그가 곁에 머무는 것을 허용할 수 없었다. 분노나 슬픔 때문이 아니라, 자주 일어나는 발작이 얼굴을 심하게 일그러뜨려 아름답지 않은 모습을 연인의 기억에 남기고 싶지 않았기 때문이다. 그럼에도 불구하고, 백작은 그녀의 침실 문 가까운 곳에 머물면서 쥘리의 병이 회복되어 자기를 부르길 기대했다.

그러나 그런 일은 일어나지 않았다. 최후의 순간까지 기베르는 문 밖에서 기다려야 했다. 달랑베르만이 방 안에 들어갈 수 있었는데, 그는 잠을 자러 갈 때에만 그곳을 떠났다. 달랑베르의 눈은 늘 슬픔으로 가득 차 있었고, 늦은 밤에 신부가 쥘리에게 병자성사를 할 때에는 눈물을 참느라고 안간힘을 썼다. 그 성사는 얼마 전에 도착한 이복 남동생의 요청으로 이루어졌다. 그는 훗날 '전체 백과전서파 사람들이 있는 앞에서' 그녀를 설득했다고 썼다. 자정이 지나고 나서 쥘리는 "나, 아직 살아 있는 거니?"라고 중얼거렸다. 그리고 잠시 후, 자신의 질문에 침묵으로 대답했다.

쥘리 드 레스피나스가 파리에서 마지막 숨을 몰아쉴 무렵, 남동쪽으로 멀리 떨어진 스위스 국경 근처의 페르네 마을에서는 빛의 세기에서 아주 밝게 빛나던 별인 철학자 볼테르가 죽어가고 있었다(또다시). 그러나 그와 가까운 사람들이 볼 때 볼테르는 늘 죽어가고 있었다. 심지어는 수많은 희곡과 소책자, 대화체 작품, 편지, 비평을 계속 쓰고 있을 때에도 그랬다. 지난 10년 동안만 해도 하도 많은 작품을 쏟아내, 프로이센의 프리드리히 대왕은 볼테르가 한 사람이 아닐 것이라고 생각하기까지 했다.

볼테르는 1764년 자신의 사유지가 있는 페르네로 돌아갔다. 쥘리가 데팡 부인과 결별하고 자신의 살롱을 연 바로 그해였다. 페르네로 거처를 옮긴 것은 순전히 자신의 뜻만은 아니었다. 그가 쓴 글 중 일부가 스위스 정부 당국의 비위를 거슬렸기 때문에, 제네바에서 오랫동안 살고 있던 볼테르는 국경

너머 조국 프랑스로 옮기는 게 유리하다고 판단했다. 명성과는 관계없이 그는 프랑스에서도 크게 환영받는 처지가 못 되었지만, 페르네는 스위스 국경에서 겨우 5km 떨어져 있기 때문에, 파리에서 좋지 않은 소식이 들릴 경우 외국으로 달아나기에 편리했다.

페르네에서 볼테르는 장원의 영주처럼 지낼 수 있었다. 1,000에이커 이상의 밭과 숲, 포도밭을 가지고 있었고, 하인도 30명 이상이나 두었으며, 손님도 하도 많이 찾아와 가까운 친구에게 보낸 편지에서 "맙소사! 제발 친구들로부터 나 좀 구해주게"라고 분노를 표출했다.

페르네에서 자리를 잡자마자 전기작가인 제임스 보스웰이 가로수가 늘어선 오솔길을 따라 넓은 정원이 딸린 석조저택으로 찾아왔다. 자신이 앓아누웠거나 죽었다고 말함으로써 불청객을 쫓아내곤 하던 볼테르는 이번에도 하인에게 같은 핑계를 댄 손님을 쫓아보내라고 했다. 그러나 보스웰이 쉽사리 물러가지 않자, 마침내 볼테르가 그를 만나러 나왔다. 그렇지만 예의상 아주 짧은 시간만 만나주었을 뿐이다.

한 손을 들고 고개를 끄덕이면서 노인은 보스웰에게 작별인사를 하고는 서재로 향했다. 그리고 이 침입자를 얼마나 빨리 해치웠나 생각하면서 혼자 키득거렸다. 그러나 마지막에 웃은 사람은 스코틀랜드 사람 보스웰이었다. 그는 볼테르의 조카딸에게 사정사정하여 대저택에서 가장 높은 곳에 있는 추운 고미다락방에서 잠을 잤다. 이틀 뒤 보스웰은 다시 페르네로 돌아왔는데, 이번에는 정식으로 초대받은 손님으로 찾아왔고, 고미다락방이 아니라 대저택의 침실 14개 중 하나에서 잠을 잤다.

병약한 몸을 보호하려고 옷을 따뜻하게 껴입은 71세의 볼테르가 페르네의 서재에서 글을 쓰고 있다. 볼테르는 시, 희곡, 소설, 풍자문학, 역사, 철학 등 수많은 작품과 편지도 많이 썼는데, 망명기간에 친분을 유지하기 위해서뿐만 아니라, 종교적·정치적 불관용을 공격하기 위해 많은 글을 썼다.

샤틀레 후작 부인은 계몽주의 시대의 과학계에서 활동한 극소수의 여성 중 한 명이다. 그녀는 아이작 뉴턴의 〈프린키피아〉를 프랑스 어로 번역했으며, 볼테르와 함께 뉴턴의 자연철학에 관한 책을 공동집필했다.

새 집을 자랑스럽게 여긴 볼테르는 공식적인 손님으로 방문한 보스웰에게 12월의 쌀쌀한 공기에도 불구하고 대저택과 황량한 겨울의 과수원을 구경시켜주었다. 그는 마치 늙은 농부처럼 자기가 직접 감독하는 암소와 황소, 포도 압착기, 양 우리, 꿀벌통 등에 대해 이야기해주었을 것이다.

보스웰은 볼테르의 영어와 위트에 감탄하면서 노인을 흥미롭게 관찰했다. 그러나 아무리 노력해도 그는 노인의 성격 중 서로 상충되는 부분을 조화시킬 수가 없었다. 왜냐하면 볼테르는 세상과 어느 정도 거리를 두려고 하면서도 자기가 원하는 방식이라면 세상을 기꺼이 포용하려 했기 때문이다. 그럼에도 불구하고, 보스웰은 방문 둘째 날 주인의 한계를 시험하는 실수를 저질렀다. 철학자 중에서 기독교하고는 거리가 가장 먼 볼테르에게 하느님을 믿으라고 했고, 볼테르는 거의 실신할 정도로 흥분했던 것이다.

보스웰이 본 볼테르는 비록 체격은 왜소했지만, 70대의 나이에도 불구하고 눈빛이 살아 있는 아주 인상적인 인물이었다. 페르네에서 그는 아침이면 반바지와 무명 재킷 위에 꽃무늬 로브를 걸치고, 천으로 만든 신을 신고 저택 주위를 돌아다녔다. 보스웰이 관찰한 바에 따르면, 그는 청결에 세심하게 신경을 썼고, 화장품과 향수, 포마드를 아주 좋아했다. 그렇지만 보스웰도 이 괴팍한 노인이 면도칼보다는 족집게로 수염을 하나하나 뽑는 걸 더 좋아한다는 사실은 눈치채지 못했다.

보스웰은 머문 기간이 짧아서 볼테르가 좋아한 색다른 취미 한 가지는 보지 못했을 것이다. 볼테르는 자신의 사유지에 개인 극장을 만들고는 거기서 연극을 공연하는 걸 즐겼다. 그는 손님이나 고용인을 직접 연극에 출연하도록 권했는데, 때로는 전문배우의 도움도 청했으며, 볼테르 자신이 주도적인 역할을 할 때도 있었다. 볼테르 입장에서 그 공연 하나하나는 자신의 숙적인 장 자크 루소를 조롱하는 기회였다. 왜냐하면 그 연극은 타락한 문명의 잘못을 지적했기 때문이다.

볼테르는 루소가 제네바 사람이라는 사실을 알고 있었다. 제네바에서 큰 영향력을 떨치고 있던 칼뱅 파 신부들은 볼테르가 쓴 〈철학사전〉을 모두 불태우라고 명령했다. 그러니 무엇을 기대할 수 있겠는가? 최근에 볼테르가 국경을 넘어온 것도 바로 이 사건 때문이었다. 런던, 파리, 포츠담, 스트라스부르, 제네바 등을 자주 옮겨다닌 그는 스스로를 '둥지 없는 늙은 새'라고 부르길 좋아했는데, 이제 와서 또

포츠담의 상수시 궁전에서 볼테르(식탁에 앉은 사람들 중 왼쪽에서 세 번째)가 프로이센의 프리드리히 대왕(식탁 한가운데)과 함께 식사를 하고 있다. 뒷날 볼테르는 "세상 그 어느 곳도 그만큼 대화의 자유가 있는 곳은 없었다"고 회고했다.

이곳으로 거처를 옮겨야 했다.

그렇지만 페르네는 그가 그토록 오랫동안 갈구해온 둥지였는지도 모른다. 그는 이곳 생활에 만족했는데, 양배추밭에서 괭이질을 하거나 온실에 씨를 뿌려 나무를 기를 때만큼 행복한 적도 없었다. 비록 잠시 동안이라 하더라도 그는 평생 동안 자신을 괴롭히고 특히 밤에는 더 큰 고통을 준 온갖 병(그중에는 신경성 위염, 끝없는 가려움증, 제 기능을 못 하는 방광 등이 있었다)을 싹 잊을 수

있었다.

당연히 사람들은 모두 의사를 찾아가 보라고 말했지만, 볼테르가 보기에 의사는 펜을 든 루소 정도밖에 도움이 되지 않았다. 볼테르가 장을 깨끗이 하는 효과를 믿었던 것은 사실이다. 그렇지만 1주일에 세 번씩 하는 관장은 그가 고통받고 있던 어떤 질병도 완치시키지 못했다.

그는 커피도 다른 사람이 보기에는 마치 약이라고 생각될 정도로 하루에 최고 50잔까지 마셨다. 그러나 볼테르에게 커피는 단순한 기호식품 이상의 의미였다. 커피를 한 잔 마실 때마다 그는 파리에서 지낸 옛 시절을 떠올렸다. 그때 그는 불빛 희미한 프로코프 카페에서 시간을 보내곤 했다. 그 카페는 파리에서 임시 살롱 역할을 해주던 수백 개의 커피하우스 중 하나였다. 그곳에서 젊은 볼테르는 카페 단골들이 '동굴'이라고 부르던 어두컴컴한 구석 자리에 몸을 숨기고 앉아 옆 테이블에서 오가는 대

## | 시민 루소 |

"인간의 본성은 선한데, 제도를 통해 나쁘게 변한다." 1755년 파리에서 출판한 에세이에서 장 자크 루소는 이렇게 선언했는데, 그의 연구 전체에 흐르는 기본개념을 간결하게 요약한 것이었다. 곧 사회가 인간을 타락시켜왔으며, 더 나은 사회를 통해서만 우리는 개선될 수 있다는 게 그의 주장이었다.

7년 뒤에 출판한 〈사회계약론〉에서 루소는 사회제도 중 하나인 정부를 어떻게 변화시켜야 하는지 고찰했다. 그는 진정한 주권은 인민에게 있으며, 유일하게 정통성이 있는 정부는 인민의 뜻을 따르는 정부라고 주장했다.

〈사회계약론〉은 유럽 각국의 왕실에 큰 충격을 주었다. 루소는 왕권신수설을 단칼에 부정하고, 고대 그리스 시대 이래 거의 모든 사람이 위험하고 불합리한 제도라며 등을 돌린 제도인 순수민주주의를 옹호했다. 파리 고등법원은 루소를 기소하면서 체포를 명했다. 그는 망명길에 올라 처음에는 고향인 스위스로 갔다가 영국으로 갔다. 그렇지만 결국에는 파리로 돌아와 글을 계속 썼다. 그는 민주주의에 대한 자신의 주장이 10여 년 뒤에 일어날 프랑스 혁명에 얼마나 큰 영향을 미치는지 보지 못하고 1778년에 갑자기 사망했다.

프랑스 계몽주의를 이끈 철학자 장 자크 루소는 원래 스위스 출신이며, 자신을 '제네바 시민'이라고 부르길 좋아했다.

루소는 주로 혁명의 전도사로
기억되고 있지만(위 그림),
어린이 양육과 교육에 관한
글도 많이 썼다. 오른쪽 그림은
루소가 아이에게 젖을 먹이는
여인에게 들꽃을 건네는
장면을 묘사하고 있다.

화에 귀를 기울이다가, 그들의 대화가 자신이 얼마 전에 쓴 희곡으로 옮겨가면 주의를 집중했다.

이제 그것은 아득한 먼 옛날의 기억으로 여겨졌다. 사실 장원을 조금만 걸어보기만 해도 이곳이 프로코프 카페에서 얼마나 멀리 떨어져 있는지, 자기 의사에 반해 바스티유에 머물던 시절로부터, 그리고 20대 시절 천연두에 걸려 죽을 뻔한 시절로부터 얼마나 많은 세월이 흘렀는지 금방 깨달을 수 있었다. 그는 "인생이란 얼마나 비참한 우연의 게임인가!"라고 쓴 적이 있다. 그렇지만 최소한 경제적으로는 성공을 거두었다. 작가로서 성공을 거둔데다가

파리의 지식인들이 자주 드나든 프로코프 카페의 내부를 묘사한 쟁반 가장자리에 볼테르, 루소, 달랑베르를 비롯한 유명인사의 흉상이 장식되어 있다. 18세기 중반에 이르자 커피가 포도주만큼 인기를 얻게 되었고, 파리에는 카페가 600여 개나 들어섰다.

현명한 투자가 주효해 그는 백만장자가 되었다.

볼테르는 자신은 운이 참 좋았다고 생각했다. 과시적이던 당시 문학계에는 작품활동(그 대부분은 연애나 범죄 같은 지저분한 이야기를 다룬 것이었다)으로 변변한 수입도 올리지 못하는 작가들이 많았다. 볼테르는 그러한 글장이(그는 그들을 '살기 위해 글을 쓰는 불행한 계급'이라고 불렀다)나 그들의 글을 보잘것없는 것으로 여겼다. 그는 "아버지에게서 장사하는 법을 배우지 못한 게 이들의 불행이다"라고 경멸했다.

그렇지만 볼테르는 자신의 부를 동료작가들은 아니더라도 장사를 배운 사람들하고 함께 나누기 위해 최선을 다했다. 이미 볼테르는 자신의 장원에서 가내공업을 시작할 계획을 세웠고, 그 뒤 10년 동안 실제로 실천에 옮겼다. 얼마 뒤 그곳에 들어선 시계 제조공장, 보석 세공공장, 직물공장 등은 주민 수백 명에게 일자리를 제공했다. 이들 노동자에게 집이 필요하자, 볼테르는 그들이 집을 구할 수 있게 도와주었으며, 심지어는 집을 살 돈을 빌려주기까지 했고, 필요한 가축과 농기구까지 제공했다. 또한 볼테르는 자신의 '기묘한 작은 왕국'이라고 부른 그 고장의 젊은이들을 일요일

경찰은 종교나 정치에 위협이 된다고 간주되는 책을 금지시키고 종종 파괴했다. 위의 그림은 예수회 서적들을 불태우는 장면이다. 볼테르도 자신의 글 때문에 종종 어려움을 겪곤 했다. 그가 쓴 〈철학 편지〉는 불태워졌고, 서사시 〈라 앙리아드〉(아래)는 출판 금지되었다. 또 섭정을 풍자한 시 때문에 체포당하기까지 했다.

마다 집으로 초대해 춤과 다과를 즐기게 해주었고, 그러면서 춤추는 사람들과 마찬가지로 왁자지껄한 그 분위기를 즐겼다.

"주 드비앵 파트리아르슈(Je deviens patriarche: 나는 족장이 되었다)." 볼테르는 페르네에서 생겨나고 있던 자신의 공동체에 대해 이렇게 썼다. 마을 거리를 걸어다녀 보면, 한 걸음씩 내디딜 때마다 바쁘게 돌아가는 공장들에서 새어 나오는 작업 소리에서 그것을 확인할 수 있었다. 이들 공장에서 만들어진 상품은 유럽 대륙뿐만 아니라 그밖의 지역까지 가장 명성 높은 고객들에게 흘러들어갔다. 볼테르는 신분이 높은 사람들과의 친분을 최대한 활용했다. 페르네에서 만든 괘종시계, 손목시계, 보석, 실크 스타킹 등은 파리뿐만 아니라, 예카테리나 여제의 상트페테르부르크 궁전과 모로코의 궁전, 그리고 보스턴 귀족의 우아한 저택에서도 볼 수 있었다.

이러한 상황을 흡족해한 볼테르는 어깨를 으쓱하며 "투 바 비앵(Tout va bien)"이라고 말했다. '모든 게 잘 돌아간다'는 뜻이다. 그러나 개신교도가 가톨릭 교도 이웃한테 자주 박해받는 나라에서, 그러한 비열한 짓을 비난하는 글을 자주 쓰던 그는 페르네 주민이 자신이 오래 전부터 주장해온 바로 그러한 관용을 실천하고 있다는 사실에서도 큰 자부심을 느꼈다. 방문객이라면 누구나 알 수 있듯이, 페르네는 진정으로 모두 함께 살아갈 수 있는 땅이었고, 볼테르의 눈에는 프랑스 전역이 언젠가는 이와 똑같이 될 수 있다는 증거로 보였다.

물론 그러한 날이 오기 전에 우선 비열한 짓을 종식시켜야 했는데, 그 일이 얼마나 어려운지는 누구보다도 볼테르 자신이 잘 알았다. 자신이 쓴 〈철학사전〉이 출판된 뒤에 일어난 일만 봐도 그랬다. 그 책은 제네바와 파리에서 불태워졌고, 아브빌에서는 신성모독죄로 기소된 한 불쌍한 젊은이와 함께 불태워졌다. 단지 볼테르가 성경 구절에 대해 의심을 표시하고, 가톨릭 교회의 권위에 의문을 제기하고, 종교라는 이름으로 통용되는 관습을 미신이라고 생각한 것 때문에 이 모든 일이 일어난단 말인가? 이에 대해 볼테르는 1759년 이래 줄기차게 주장해온 말을 되풀이할 수밖에 없었다. "에크라제 랭팜!(Écrasez l'infâme!: 비열한 짓을 분쇄하자!)"

그러나 실망스럽게도 그가 랭팜이라고 부른 것(미신을 당근으로, 박해를 채찍으로 사용하는 종교)은 여전히 큰 힘을 갖고 있었다. 장 칼라라는 불운한 사람에 관한 이야기를 처음 들었을 때가 생각났다. 커피 잔을 흔들며 창문 밖의 평화로운 풍경을 바라보고 있는 지금도, 그 노인이 심한 고문을 받고 의식불명 상태에서 처형당한 걸 생각하면 분노가 치밀었다.

칼라의 불행은 가톨릭 국가에서 위그노 교도였다는 데 있었다. 가톨릭 교회는 이들 칼뱅 파 개신교도를 용납하지 않았다. 법으로 개신교도는 시민의 권리를 거의 인정받지 못했고, 지적인 직업이나 공직에 진출할 수 없게 되어 있었다. 게다가 개신교도 의식을 치르다가 붙잡힌 성직자는 여전히 죽음을 면할 수 없었다. 그래도 파리에서는 그러한 판결이 내리는 경우가 드물었지만, 프랑스 남서부에 위치한 툴루즈에서는 그렇지 않았다. 얼마 전인 1761년에도 한 위그노 목사가 사형선고를 받았는데, 장 칼라는 바로 그곳에서 아마포 장사를 하며 살고 있었다.

"화형당하는 것을 피하기 위해 나는
성수를 아주 많이 모으고 있다네."

그 사건을 아는 사람이라면 누구나 알고 있듯이, 칼라는 다 자란 아들의 자살을 자연사로 위장하려고 시도하지만 않았다면 지금도 아마포 장사를 하면서 잘 살아가고 있을 것이다. 어느 아버지라도 칼라와 똑같이 행동했을 것이라고 볼테르는 생각했다. 자살은 불법이었고, 자살한 사람의 시체는 발가 벗겨 거리에서 끌고다닌 다음에 교수형에 처하도록 법으로 정해져 있었기 때문이다. 그런데 사법 당국은 속아넘어가지 않았고, 칼라 가족 전체를 체포했다. 그들은 자살을 은폐한 혐의가 아니라 살인혐의로 체포되었는데, 아들이 가톨릭으로 개종하는 것을 막았기 때문이라는 이유에서였다.

볼테르는 이 이야기를 들으면서 그 다음에 일어난 이야기는 너무나도 뻔히 보였다. 긴 재판과정에서 피의자에 대한 조롱이 계속되고, 사실보다는 소문에 바탕한 증언들이 나오고, 결국에는 유죄판결이 나게 돼 있었다. 탄원이 접수되어 장 칼라를 제외한 나머지 가족은 다 풀려났다. 그리고 끔찍한 보통 심문을 통해 칼라의 자백을 받아내려고 시도했다. 이 심문과정에서는 먼저 팔과 다리를 길게 잡아늘여 관절이 빠지게 한다. 그래도 칼라가 자백하지 않자, 심문자들은 특별심문을 시작했다. 이것은 강제로 18ℓ나 되는 물을 먹여 피의자의 몸을 두 배로 불어나게 하는 것이다. 결국에는 칼라를 바퀴에 매달아 잔인하게 사지의 뼈를 부러뜨려 몇 시간 동안 고통에 신음하게 한 뒤 목을 졸라 죽였다. 그리고 나서도 처형자들은 정의를 확실히 집행하고자 시체를 밧줄에 묶어 장작 위에 올려놓고 불태웠다.

볼테르가 보기에 이 끔찍한 이야기는 그 당시 기독교의 근본적인 위선을 보여주는 명백한 증거였다. 사랑을 뿌린다고 하면서 실제로는 증오를 거둬들이고 있었다. 그 사건의 진상을 확인하여 장 칼라가 무고하다는 결론을 내린 볼테르는 개인적으로 죽은 칼라의 결백을 입증하기 위해 나섰고, 친구들에게도 동참하라고 설득했다. 1762년 9월에 달랑베르에게 도움을 청한 것이 그 대표적인 예였다. "칼라 가족을 위해, 그리고 광신적인 행위에 맞서기 위해 사방에 이 이야기를 퍼뜨리게. 그들을 불행으로 몰아넣은 것은 바로 랭팜이니까."

칼라가 처형된 지 거의 3년이 지난 지금 페르네의 서재에 앉아 있는 볼테

르는 마침내 일이 긍정적인 방향으로 흘러가고 있다는 느낌이 들었다. 그렇
지만 과연 몇 달 안에 어떤 결정이 나오고, 왕 직속의 심의회가 장 칼라의 죄
를 사면하고, 칼라의 억울한 죽음에 대해 그 가족에게 배상해주라는 명령을
내릴지 아직 낙관할 수 없었다. 그러다가 1765년 3월, 마침내 그 소식을 접
한 볼테르는 기뻐서 눈물을 흘렸다.

그 뒤 '롬 오 칼라(l' homme aux Calas)', 곧 칼라의 남자라는 별명으로 불리
게 된 볼테르는 평생 동안 칼라의 사건을 자신이 이룬 최고의 업적으로 여겼
다. 그러나 안타깝게도 그와 비슷한 사건은 그밖에도 많았다. 그래서 볼테르

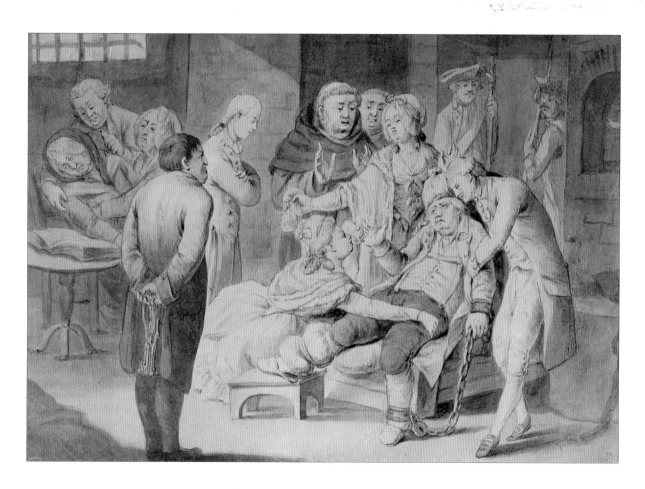

는 얼마 뒤 어려운 처지에 빠진 시르방 부부의 사건에도 개입했다. 개신교도
인 이 부부는 딸을 가톨릭 교로 개종하도록 하는 대신 살해했다는 혐의로 궐
석재판에서 교수형을 선고받았다.

그 사건이 무사히 해결되어 부부가 풀려나자마자 이번에는 장 라 바르라는
19세 소년의 사건에 개입해달라는 부탁을 받았다. 이 소년은 십자가를 모독
한 혐의로 기소되어 얼마 뒤 목이 잘린 다음 불태워졌다. 이 사건은 특히 볼
테르를 격분케 했는데, 소년의 시체와 함께 자신의 책인 〈철학사전〉도 함께
불태워졌기 때문이다. 게다가 한 프랑스 주교는 이 일을 교회의 강력한 비판
가 중 한 명을 제거할 수 있는 절호의 기회로 여기고, 그 책의 저자에게도 똑
같은 벌을 내려야 한다고 법정에 촉구했다. 볼테르는 뒷날 달랑
베르에게 보낸 편지에서 "화형당하는 것을 피하기 위해 나는
성수를 아주 많이 모으고 있다네"라고 비꼬아 말했다. 농담
삼아 이렇게 말했지만, 실제로 그는 그 위협을 심각하게 받아
들여 스위스 국경을 넘어 지상의 물이 많은 장소인 롤의
온천으로 피신했다.

이와 비슷한 사건들에 사람들의 도움을 이끌어낼 때 볼
테르는 프랑스 사회에서 새롭게 부상하고 있던 힘인
여론의 위력을 증명해보였다. 대신인 자크 네케르
가 '사회정신'이라고 부른 여론은 프랑스 혁명
때 확 끓어 넘치는데, 지금은 살롱과 커피하우스,
프랑스 아카데미, 팸플릿, 그리고 점점 많은
독자를 끌어들이고 있던 신문에서 조용히
부글거리고 있었다.

이러한 상황은 볼테르에게

볼테르는 죽고 나서 냉대를 받
아 파리 바깥의 한 수도원에
매장되었다. 그 뒤 혁명이 일
어나자 그의 관은 멋진 수레에
실려 환호를 받으며 수도로 돌
아왔고, 팡테옹에 묻혔다.

114

는 반가운 소식이었다. 여론은 갈수록 프랑스 왕정과 교회에 대항하는 힘으로 자라고 있었기 때문이다. 그는 훗날 "사람들이 더 교화될수록 더 자유로워진다"고 말했다. 그리고 랭팜의 천적인 '칼라의 남자'는 이 새로운 힘의 원천이 무엇인지 분명히 알고 있었다. 장 칼라의 결백을 입증한 뒤 볼테르는 기뻐하며 이렇게 말했다. "의견이 세상을 지배한다. 그리고 결국에는 철학자가 사람들의 의견을 지배한다."

볼테르는 여론을 형성하는 과정에서 자신과 동료 철학자들이 사실상 혁명을 만들어가고 있다는 사실을 깨달았다. 그는 달랑베르에게 이렇게 물었다. "친애하는 철학자여, 자네 눈에는 이것이 혁명의 세기로 보이지 않는가?" 그러나 볼테르가 염두에 둔 혁명은 국가의 혁명이나 공포정치로 이어지는 질서의 붕괴가 아니었다. 그것은 사람들의 마음에 일어나는 혁명으로, 이 세상의 문제들에 대해 합리적이고 실용적인 사고가 광신적인 갈등과 내세에 대한 쓸데없는 상상을 대체하는 것이었다.

그는 페르네에서 이러한 계몽적인 생각이 자기가 만든 작은 공동체 구석구석에 혜택을 미치는 것을 목격했는데, 그가 생각한 혁명이란 그것과 같은 종류의 혁명이 더 큰 규모로 일어나는 것이었다. 프랑스, 더 나아가 유럽과 모든 문명세계에 그와 같은 일이 일어나도록 하는 것이 바로 계몽주의의 꿈이라고 보았다. 같은 시대에 살았던 콩도르세는 "모든 것은 인류역사상 큰 혁명이 바로 우리 눈앞에 다가와 있다는 것을 말해준다"고 썼는데, 볼테르는 이 젊은 친구의 생각이 옳다고 믿었다.

그렇지만 1760년대가 저물어갈 무렵, 볼테르는 이 혁명이 완성되는 것을 보지 못할지도 모른다는 생각이 들었다. 70대로 접어든 그는 그래도 용기를 잃지 않았다. 그는 "젊은 사람들은 행운아다. 앞으로 일어날 위대한 일들을 볼 수 있을 테니까"라고 말했다. 그는 그러한 위대한 일들에 장 칼라와 그밖의 사람들을 죽음으로 몰고간 불관용을 종식시키는 것도 포함되길 바랐다.

그러나 죽어가고 있던 볼테르는 그로부터 10년이나 더 살았다. 1778년, 그는 지난 25년 동안 한번도 가보지 못한 파리로 여행할 계획을 세웠다. 그러나 84세의 고령에다가 죽음이 머지않았음을 늘 의식하고 있던 그는 그 여행이 '영원한 여행으로 향하는 짧은 여행' 이 되지 않을까 염려되었다. 염려할 만한 이유는 충분히 많았다. 여행은 2월에 출발하기로 계획되었는데, 알프스 산맥을 넘어 울퉁불퉁한 길을 따라 수도까지 여행해야 했기 때문이다. 라벤더가 활짝 핀 여름철에 젊은이더러 그러한 여행에 나서라 해도 망설일 판인데, 심심하면 친구들에게 "나, 이제 참말로 죽네"라고 말하는 노인이야 말할 것도 없었다.

주위 사람들은 아무도 이 위대한 노인이 정말로 죽어간다는 사실을 믿으려 하지 않았다. 이전보다 훨씬 야윈 그는 자신이 '제대로 고정되지 않은 뼈들 위에 발라놓은 낡은 양피지' 에 불과하다고 불평을 털어놓았다. 그렇지만 아직도 그의 눈빛과 매력적인 미소와 새벽까지 손님들을 즐겁게 해주는 능력은 살아 있었다.

그러나 자신이 얼마 전에 쓴 희곡이 초연되는 무대에 참석할 기회는 단 한 번밖에 없을 것 같았고, 파리를 볼 수 있는 기회도 이번밖에 없을 것 같았다. 그래서 자신이 죽어가든 그렇지 않든 간에, 그는 페르네를 한 바퀴 돌면서 사람들에게 작별인사를 했다. 그러면서 그것은 잠깐 동안의 작별이 될 것이라고 약속했다. 많은 소작농과 장인들에게 그 말은 곧이곧대로 들리지 않았고, 늙은 주인을 사랑하던 사람들은 고개를 돌리고 눈물을 훔쳤다.

그 다음 몇 주일 동안 칼라의 남자에 관한 소식이 속속 페르네에 도착했다. 여행에 관한 소식, 굴대가 부러지는 일상적인 사고를 비롯해 길에서 만난 사고, 〈캉디드〉를 쓴 저자이자 랭팜의 적으로 자처하는 유명한 인물을 보기 위해 도시 곳곳에서 몰려나온 인파, 그리고 파리에서 몰려나온 더 많은 인파에 관한 소식 등이었다.

볼테르는 언제나처럼 그러한 찬사를 당연한 듯이 받아들였다. 그는 환호하는 군중에게 미소를 지으면서 "아아! 내가 처형대에 오를 때에도 이만큼 많은 사람들이 몰려들겠지"라고 말했다. 그러다가 그는 갑자기 몸져 누웠다. 그리고 평생 동안 도서관을 가득 채울 만큼 많은 글을 쓴 그는 그 달 말에 길이 기억에 남길 바라는 몇 마디를 끼적거렸다. "나는 하느님을 숭배하고, 내 친구를 사랑하고, 원수를 미워하지 않고, 미신을 혐오하면서 죽는다."

볼테르가 다시 파리를 방문하기까지 지난 25년 동안 파리에는 크고 작은 변화가 많이 일어났다. 볼테르는 죽기 전 몇 주일 사이에 그중 많은 것을 직접 목격했다. 그중에서도 큰 변화는 뒷날 빛의 도시로 불리게 될 이 도시의 밤이 환하게 변한 것이었다. 볼테르는 밤에 거리를 지나다니면서(머물고 있던 빌레트 후작의 저택에서 극장과 친구들의 집과 프랑스 아카데미에 이르기까지) 이전에 좀도둑들이 활개치던 으슥한 파리의 밤거리를 가로등이 환히 비추고 있는 것을 보았다.

볼테르가 페르네에 정착하고, 쥘리 드 레스피나스가 살롱을 연 해인 1764년 무렵, 파리 경찰청은 범죄문제로 골머리를 앓다가, 과학 아카데미에 '도시의 거리를 밝힐 수 있는 최선의 방법(밝을 뿐만 아니라 유지하기 쉽고 비용도 저렴한)'을 공모해달라고 부탁했다. 그러나 상금을 내걸었음에도 마감 날짜까지 단 한 명도 응모하지 않았다. 과학 아카데미는 상금을 두 배로 올리고 마감 날짜도 연장하여 21세의 화학자 앙투안 로랑 라부아지에가 실험을 마치고 상금을 타게 될 세 편의 보고서 중 첫 번째 보고서를 제출할 수 있게 해주었다. 심사단은 70쪽짜리 그 논문을 읽고 나서 "흥미로운 연구와 아주 훌륭한 물리학으로 가득 차 있다"고 평가했다.

만약 심사위원 중 한 명이라도 라부아지에가 그 '흥미로운 연구'를 하는 동안 그의 실험실을 직접 방문했더라면, 그 실험이 정말로 얼마나 흥미로운

것인지 발견했을 것이다. 실험실의 벽과 창은 검은색 천으로 완전히 가려져 있어 일종의 동굴 같았고, 그 안의 어둠 속에서 약 6주 동안이나 연구를 해 거의 올빼미처럼 변한 과학자의 두 눈이 반짝이고 있었다. 그는 평소 습관대로 실험실보다는 살롱에 더 어울리는 말쑥한 차림을 하고 있었을 것이다. 주위의 탁자와 선반 위에는 실험에 필요한 온갖 도구가 널려 있었는데, 다양한 크기의 양초와 물질, 여러 종류의 기름이 담긴 용기, 다양한 초롱(어떤 것은 반사경까지 달려) 등이 있었다.

　라부아지에를 아는 사람이라면 이러한 광경에 조금도 놀라지 않을 것이다. 그는 20세 때부터 평생 동안 아침저녁으로 날씨를 기록했고, 2년 전에는 식사가 건강에 미치는 효과를 연구하기 위해 한동안 우유 외에는 아무것도 먹지 않는 실험을 하기도 했다. 그 실험은 건강을 크게 해쳤기 때문에 그를 아끼는 한 친구는 "연구를 줄이고, 지상에서 살아가는 1년이 사람들의 기억 속에 100년 동안 머무는 것보다 훨씬 가치 있다는 사실을 받아들이게"라고 충고했다. 또 라부아지에는 뒷날 물을 증류하면 과연 흙이 나오는지 알아보는 실험을 했는데, 이를 위해 액체의 온도를 끓는점 바로 아래로 계속 유지하기 위해 101일 동안 계속 그 옆에 서서 지켜보았다. 실험 결과, 오랫동안 물을 끓일 때 나오는 흙 같은 물질은 유리가 녹아서 나온 것이란 사실을 알아냈다.

　라부아지에는 세세한 것에 깊이 신경 쓰는 그러한 연구방법에 큰 자신감을 갖고 있었고, 자신의 호기심이 만족될 때까지 엄청난 노력을 쏟아부었다. 또 젊은 나이에도 불구하고, 그는 19세기 후반의 과학은 단순한 연구분야라기보다는 일종의 전장에 가깝고, 과학자로 성공하려면 경쟁에서 이겨야 한다는 사실을 잘 알고 있었다. 그는 또 과학자도 작가처럼 자기만의 고유한 문화공동체인 과학계를 형성해야 한다고 믿었다. 그는 개인적 명예를 가져다줄 발견을 열망했지만, 가로등에 관한 보고서에서 지적한 것처럼 과학은 공익을 위해 봉사해야 한다는 숭고한 목표가 있다고 보았다.

화학혁명을 일으킨 앙투안 라부아지에와 그의 아내 마리안. 자크 루이 다비드가 그린 초상화이다. 라부아지에는 징세청부조합에서 일을 한 전력 때문에 공포정치가 고조되던 시기에 체포되어 처형당한다.

남 앞에 나서기 싫어하고 학문에만 몰두하는 성격인 라부아지에는 처음에는 과학자가 아니라 변호사가 되기 위한 교육을 받았으며, 아버지도 유명한 변호사였다. 아버지는 아들이 가업을 이어받길 원했고, 라부아지에도 그 기대에 어긋나지 않게 열심히 했다. 그러나 법과대학에 다닐 때 라부아지에는 시간을 내 화학과 물리학 강의를 들었으며, 과학을 공부할수록 자신이 가야할 길이 그 길임을 깨달았다.

라부아지에는 자신이 하고 싶은 분야에 뛰어드는 것만으로는 충분치 않다는 사실을 잘 알고 있었다. 프랑스에서 과학자로 인정받으려면 과학 아카데미 회원이 되어야 했다. 회원이 되면 상당한 명성이 따를 뿐만 아니라 급료도 받을 수 있었다. 그러나 공석이 생겨야만 투표를 통해 회원을 선출했는데, 상당한 업적이 있어야 선출될 수 있었다. 그 당시 라부아지에의 업적이라곤 가로등 공모전에서 금메달을 딴 것과 석고를 분석한 논문뿐이었지만, 1766년 회원을 뽑을 때 자신을 알리기 위해 적극 노력했다. 비록 그때 회원으로 선출되는 데에는 실패했지만, 그 다음 번에 성공했다.

1775년, 얼마 전에 결혼하고 탄약국장으로 임명된 라부아지에는 스스로 시인한 것처럼 이제 아버지의 아들로 살아가는 게 아니라, 자기 인생을 살아가고 있었다. 지난 10년 동안 그는 개인적으로나 직업적으로 여러 성과를 이루었다. 자기 집을 소유하게 되었고, 과학논문을 다수 발표했으며, 징세청부조합(정부를 대행해 간접세를 징수하는 권리를 사들여 이익을 얻던 회사)의 지분을 상당히 소유해 큰 이익을 얻었고, 1768년에는 25세가 되기도 전에 과학 아카데미 회원으로 선출되었다.

라부아지에는 자신이 과학 아카데미 회원으로 선출된 것은 처음부터 이미 예정돼 있었다고 생각했다. 그렇지만 결혼은 전혀 예상치 못했던 일이었다. 1771년만 해도 라부아지에는 자신이 중매결혼을 할 것이라고는, 더군다나

부자들이 담배공장을 방문해 둘러보고 있다. 담배의 생산과 수입 및 판매는 징세청부조합이 관리하고
있었는데, 라부아지에는 이 회사의 동업자 중 한 명이었다. 흡분제로 인기를 끌던 담배는 갈아서 코로
들이마시거나, 납작한 모양으로 만들어 씹거나, 잘게 썰어 파이프에 담아 연기를 들이마셨다.

징세청부조합의 동업자 딸이 자기 아내가 되리라고는 꿈도 꾸지 않았다. 그렇지만 신부인 마리 안 폴즈가 아주 매력적인데다가 14세라는 어린 나이에 어울리지 않게 성숙해 마음에 들었다. 또 아내가 자신의 연구에 큰 관심을 보이자 더욱 기뻤다. 마리 안은 처음에는 학생으로 시작했지만 나중에는 훌륭한 조력자가 되었다.

탄약국장이란 직책도 다소 예기치 못한 일이긴 했지만, 실용적으로 적용할 수 있는 것이 최고의 과학이라는 평소의 믿음과 부합하는 일이었다. 그 직책을 수행하기 위해서는 다양한 재능이 필요했다. 라부아지에는 프랑스의 화약 생산을 감독지휘하게 되었는데, 화약은 꼭 필요한 물건이지만, 잦은 전쟁이나 원료물질인 질산칼륨 부족으로 공급이 부족할 때가 많았다. 그 당시 질산칼륨은 천연으로 산출되는 초석에서 얻었다. 라부아지에는 화약공장에 초석을 안정적으로 공급할 수 있는 방법을 찾아야 했다.

초석은 배설물이나 썩어가는 식물에서 발생하는 증기에 노출된 석회석 표면에 잘 생기기 때문에, 헛간이나 변소, 마구간의 축축한 바닥과 벽을 긁어서 얻었다. 탄약국이 설립되기 이전에는 초석수집과 화약생산은 왕의 허가를 받은 민간투자가 맡았다. 이들은 어디에서나 초석을 징발할 권리가 있었으며, 필요하면 토지 소유주의 재산권마저 무시할 수 있었는데, 그러다 보니 부패가 생길 여지가 많았다. 라부아지에가 이끈 탄약국은 이러한 제도가 안고 있는 권력남용을 타파하고, 되도록이면 초석을 인공적으로 만들 수 있는 기술을 개발하고자 했다.

라부아지에는 두 마리 토끼를 다 잡는 데 성공한 덕분에 1년 뒤 아메리카에서 벌어진 영국과의 식민지 전쟁 때 프랑스 군에 화약을 충분히 공급할 수 있었다. 또 바쁜 와중에도 아내가 파리에 새 집을 구입하는 일(그의 직책이 준 특권 중 하나)을 도왔다. 그 결과, 그들은 1776년 봄에 파리로 이사했다.

두 사람에게는 그보다 더 좋은 안식처도 없었다. 4층짜리 저택에는 큰 서

재뿐만 아니라, 천장이 높은 고미다락방에 온갖 장비가 갖추어진 실험실까지 있었다. 이 실험실은 얼마 뒤 유럽에서 가장 유명한 실험실로 떠오르게 된다. 한껏 고무된 라부아지에는 새로운 일정표를 짰다. 그는 아침 6시부터 9시까지는 실험실에서 보내기로 했다. 그리고 나머지 낮 시간에는 화약감독관으로서 직책을 수행하고, 징세청부조합 일과 과학 아카데미의 일도 함께 돌보기로 했다. 그렇지만 저녁 7시에는 다시 과학자로 돌아와, 수천 개의 비커와 플라스크와 수백 가지 장비가 갖추어져 있는 실험실에서 세 시간 동안 연구에 몰두했다.

비록 대부분의 날은 실험실에서 시작하여 실험실에서 끝났지만, 라부아지에는 곧 마리가 '행복이 넘치는 날'이라고 표현한 토요일을 소중히 여기게 되었다. 라부아지에와 선택된 학생들은 식사시간만 빼고 하루 종일 실험에 몰두했고, 실험실 전체가 활기로 넘쳤다. 마리도 종종 동참하여 실험 절차와 결과를 기록하고, 때로는 실험에 몰두하고 있는 과학자들과 실험장비를 그림으로 그리기도 했다.

실험장비들이 달그락거리고, 젊은 조수들의 환희에 찬 소리가 넘치는 가운데 라부아지에는 점차 관심영역을 확대하고 실험기술을 개선시켜나갔다. 그에게 실험은 어떤 사실을 밝혀내기 위한 목적도 있었지만, 정밀성을 개선하기 위한 훈련이기도 했다. 사실 측정의 정밀성을 강조한 이러한 태도는 화학을 한 단계 더 발전시켰고, 이제 화학은 정성과학일 뿐만 아니라 정량과학으로 자리잡게 되었다. 게다가 라부아지에 같은 과학자를 통해 마침내 화학은 아리스토텔레스의 4원소설(세상의 모든 물질이 불, 물, 흙, 공기의 4원소만으로 이루어져 있다는 가설)에서 벗어날 수 있었고, 아직도 아이작 뉴턴의 이론을 받아들이느라 진통을 겪고 있던 세상에서 제자리를 잡게 되었다.

라부아지에는 몇 년 전부터 연소의 본질과 공기의 조성을 밝혀내기 위해 집중적으로 연구하고 있었다. 그는 왜 어떤 물질은 연소할 때 연소에서 생긴 생성물이 원래 물질보다 무게가 더 나가는지 궁금했다. 연소라는 건 본질적으로 물질을 파괴하는 것인데, 어째서 이런 일이 일어날까 하고 계속 의문을 품었다. 만약 독일 물리학자 게오르크 슈탈의 주장처럼 모든 물질 속에 눈에 보이지 않는 플로지스톤(열소)이 들어 있고, 연소과정에서 플로지스톤이 빠져나간다면, 연소 생성물은 항상 반응물보다 무게가 덜 나가야 하지 않는가? 그렇다면 플로지스톤이 음의 무게를 지녔다는 말인가? 무엇보다도 의아한 것은, 유명한 과학자들조차 이 음의 무게를 가진 것으로 보이는 플로지스톤 가설을 믿는다는 사실이었다.

물론 라부아지에가 그 답을 알고 있었던 것은 아니지만, 이 문제가 아주 중요하다는 사실은 일찍부터 깨닫고 있었다. 그는 1773년에 쓴 글에서 "이 문제가 지닌 중요성은 물리학과 화학에 혁명을 가져올 것이다"라고 썼는데, 그러고 나서 20년에 걸쳐 이 문제를 밝히기 위한 연구에 몰두했다.

라부아지에가 소속된 한 과학 위원회가 설계한 이 거대한 렌즈는 연소실험을 위해 태양열을 모으는 역할을 했다. 이 렌즈를 조작하는 사람은 눈을 보호하기 위해 검은색 안경을 썼다. 몇 년 전 라부아지에는 비슷한 장비를 사용해 다이아몬드를 태웠는데, 이 실험을 통해 산소를 발견했다.

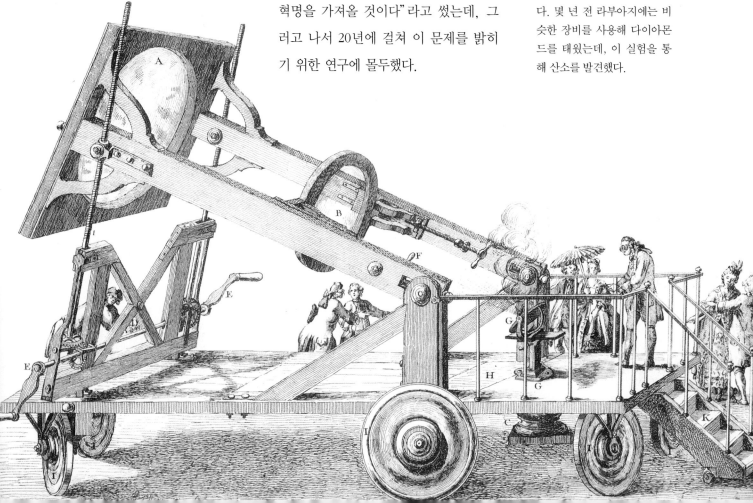

마리 안 라부아지에는 남편이 큰 업적을 세우리라는 걸 의심치 않았다. 문제는 대단한 사람은 그 혼자뿐이 아니라는 데 있었다. 스웨덴의 카를 빌헬름 셸레, 영국의 조지프 프리스틀리, 프랑스의 피에르 바이앵을 비롯해 내로라하는 과학자들이 플로지스톤의 존재 유무를 증명하려고 열심히 노력하고 있었다. 그것을 증명하기만 하면 과학사에 이름을 길이 남길 게 확실했다. 이런 사정에서 1년 전인 1775년에 남편이 플로지스톤이 존재하지 않음을 증명하자, 마리 안은 기쁨의 눈물을 흘렸다.

"알다시피 토끼를 굴에서 뛰쳐나오게 하는 사람이
반드시 그 토끼를 잡는 건 아니잖은가?"

라부아지에의 이론은 사실 그때까지 나온 많은 이론들을 종합한 것이었고, 프리스틀리가 얼마 전에 발견한 '탈(脫)플로지스톤 공기'와 아주 비슷한 것이었다. 그래서 라부아지에가 연소이론을 내놓자, 영국 해협 건너편에서 프리스틀리가 불평하는 소리가 들려왔다. 그러나 라부아지에는 프리스틀리의 주장을 웃어넘기면서 두 사람이 서로 아는 한 친구에게 이렇게 말했다. "이보게, 알다시피 토끼를 굴에서 뛰쳐나오게 하는 사람이 반드시 그 토끼를 잡는 건 아니잖은가?"

1775년 4월 아카데미에 제출한 보고서에서 라부아지에는 자신이 발견한 것을 '순수한 공기'라고 불렀다. 그 다음해에는 아르세날에 지은 새 실험실에서 연구하면서 공기가 순수한 물질이 아니라 혼합물임을 알아냈고, 그중 1/6은 '숨쉬기에 아주 적당한' 것이지만, 나머지는 숨쉬기에 부적당하다는 사실도 밝혀냈다. 그렇지만 여러 의문이 제기되었고, 라부아지에는 그 뒤 10여 년에 걸쳐 그러한 의문에 체계적인 답을 제시했다.

결국 그는 연소는 화학반응이며, '숨쉬기에 아주 적당한 공기'가 연소과정에서 하나의 반응물로 참여하며, 연소 생성물의 무게가 증가하는 것은 바로 그 공기가 결합하기 때문이라는 사실을 밝혔다. 또 생성물이 산(酸)이라는 게 밝혀지자, 반응에 관여한 공기를 '산을 만드는 것'이란 뜻으로 oxygine이라 이름붙였는데, 이것이 바로 오늘날 산소로 알려진 성분이다. 그러고 나서 라부아지에는 호흡 자체도 일종의 연소반응이라고 주장했는데, 호흡에 산소가 관여하며, 그 과정에서 열이 발생하기 때문이다.

라부아지에는 아주 열정적으로 많은 활동을 했기 때문에, 그의 재능이 금방 다 타서 사라질지도 모른다는 염려를 불러일으켰다. 그렇지만 그는 아직 30대여서 기운이 팔팔했고, 다른 일들을 수행하면서도 시간을 내 열심히 실험했다. 그가 맡았던 일 중에는 탄약국 일도 있었는데, 이제는 거기서 일하는 사람들을 가르치고 투자자를 끌어들이는 일, 20여 군데의 새 화약공장에서 제조과정을 감독하는 일, 초석 정제공장과

독일 출신의 의사 프란츠 안톤 메스머는 모든 인체에 존재하는 동물자기의 힘을 이용하여 병을 치료할 수 있다고 믿었다. 메스머는 특히 여성의 몸에 큰 관심을 보였으며, 유럽의 부유한 여인들을 밀폐된 공간에서 치료하곤 했다.

파리의 일부 상류층 사람들이 자화된 물을 채우고 뚜껑을 덮어 둔 메스머의 욕조 주위에 모여 있다. 오른쪽에 있는 여자는 치료를 받고 나서 기절했다.

# | 프란츠 메스머의 동물자기 |

프란츠 메스머는 우주의 모든 물질은 자기장 속에 떠 있으며, 행성들이 강한 중력으로 그 자기장에 영향력을 행사한다고 믿었다. 또 병은 인체 내에서 이 유체의 균형이 깨질 때 생긴다고 주장했다. 따라서 환자의 몸 위에 자석을 갖다대면 병을 치료할 수 있다고 주장했다. 실제로 메스머의 치료를 받은 사람들은 황홀경에 빠졌다가 종종 경련을 일으키곤 했는데, 그러면 메스머는 그 환자의 병이 나았다고 선언했다.

파리에 있는 자신의 집으로 몰려드는 많은 환자들을 치료하기 위해 메스머는 바케(baquet)라고 부르는, 뚜껑 덮인 욕조를 만들어 사람들을 그 주위에 둘러앉게 함으로써 한 번에 30명까지 자화시킬 수 있었다. 욕조 속에는 자화된 물이 담긴 병들이 질척한 모래 속에 들어 있었다. 사람들이 손과 손을 맞잡고 무릎을 서로 댄 채 빙 둘러서 있으면, 자기를 띤 유체의 효과가 바케에 둘러앉은 환자들에게 전해진다고 했다.

과학계는 메스머의 이러한 주장에 의심을 품었다. 1784년, 라부아지에와 미국 대사 벤저민 프랭클린이 포함된 왕 직속위원회가 메스머리즘, 곧 동물자기 최면술에 대한 조사에 착수했다. 그 결과 메스머의 기술은 착각에 지나지 않으며, 아무런 효과도 없다는 결론을 내렸다. 나타난 치료효과는 암시에 의한 것이지, 동물자기에 의한 것이 아니라고 위원회는 결론지었다. 명예가 실추된 메스머는 스위스로 가 가난하게 살다가 1815년에 사망했다.

이 풍자만화는 과학 아카데미 회원인 벤저민 프랭클린 (위 왼쪽)이 동물자기 최면술을 비난하는 보고서를 휘두르자, 메스머의 지지자들이 도망가는 모습을 묘사하고 있다.

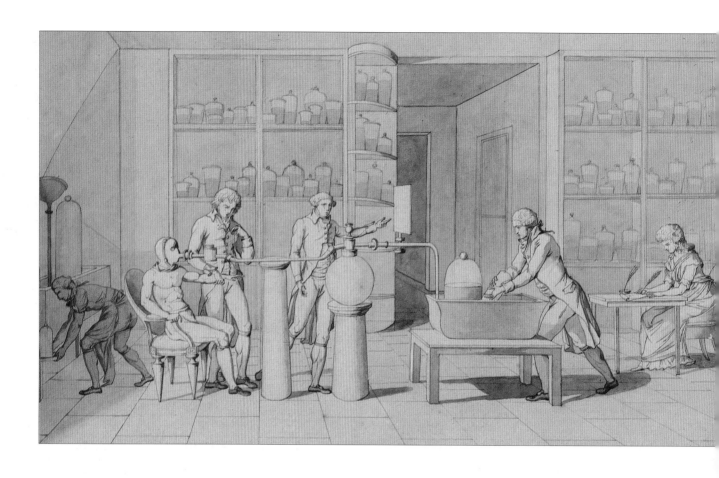

창고를 감독하는 일까지 해야 했다.

　라부아지에도 가끔 휴식을 원했다는 사실은 1778년에 루아르 계곡의 프레신에 있는 시골 별장을 구입한 일에서 엿볼 수 있다. 그러나 다른 사람들이라면 고성을 마치 섬처럼 에워싸고 있는 밀밭 바다 위에서 한가롭게 노니는 걸 상상하겠지만, 라부아지에는 그곳에서도 기회를 찾으려고 했다. 소들이 평화롭게 풀을 뜯고 있는 풍경을 보고 라부아지에는 거대한 야외 실험실을 상상하고는 거대한 농업실험을 실시할 기회를 엿보았다. 그는 과학이 프랑스의 농산물 생산을 크게 늘

앙투안 라부아지에가 조수에게 가면에 대고 숨을 내쉬게 함으로써 호흡에 관한 연구를 하고 있다. 그의 몸 속에서 '재순환된 공기'는 가면을 통해 플라스크 속으로 들어가 분석을 거치게 된다. 오른쪽 끝에 앉아 있는 마리 안 라부아지에는 실험이 진행되는 동안 필요한 것들을 기록했다. 몇 년에 걸친 연구 끝에 라부아지에는 호흡이 일종의 연소이며, 그 과정에서 산소가 이산화탄소로 변한다는 사실을 알아냈다.

리고 농민들의 생활을 향상시킬 수 있다고 생각했다. 그렇지만 과학도 농업에 투자하는 걸 가로막는 조세구조와 시장의 제약에는 아무런 처방도 내놓을 수 없었다.

"아내를 독점하길 원하는 남편은
공공의 행복을 해치는 사람으로 간주해야 한다."

라부아지에는 부유한 지주가 직접 농업에 투자하기보다는 높은 이자를 받고 정부에 땅을 빌려줌으로써 더 많은 돈을 벌 수 있다는 데 문제가 있음을 깨달았다. 라부아지에는 프레신에서 직접 시험작물을 생산하고 있었지만, 한편으로는 징세청부조합를 통해 다른 종류의 농사로 큰 이익을 얻고 있어 이 사실을 즉각 알 수 있었다.

1768년 징세청부조합에 투자하지 않겠느냐는 제의를 받았을 때, 라부아지에는 조금도 망설이지 않고 투자했다. 그것은 위험은 작고 이익은 아주 큰 투자였기 때문에, 사업감각이 조금만 있는 사람이라면 누구라도 뛰어들었을 것이다. 정부는 각종 세금을 귀찮게 직접 거둬들이는 대신 그 업무를 징세청부조합에 위임했으며, 징세청부조합은 수단과 방법을 가리지 않고 세금을 거둬들였다. 그리고 정해진 액수의 세금을 정부에 납부하고 남는 세금을 이익으로 챙겼다.

이 제도는 부당한 측면이 많았고, 세금을 가장 많이 부담하는 보통 사람들이 매우 싫어했으나, 오랫동안 프랑스에서 관행처럼 내려왔다. 설사 양심에 약간의 가책을 느꼈을지라도, 라부아지에는 1771년 회사에서 자신의 지분을 늘리는 데 망설이지 않았으며, 8년 뒤에도 역시 그랬다. 그렇지만 라부아지에는 가끔은 세금을 내지 않는 사람을 가혹하게 징벌하는 대신 다른 방법을 모색했고, 1786년에는 발굽이 갈라진 자에 대한 세금이라 하여 오직 유대 인에게만 부과되던 부당한 세금을 폐지시키게 했다. 그렇지만 불행히도 사람들은 그가 징세청부조합을 위해 한 덜 관대한 행위를 잊지 않았다. 그러한 행위 때문에 뒷날 혁명가들은 단두대의 날을 세워 그의 목을 친다.

그렇지만 그전까지 과학지식은 라부아지에를 승승장구하게 했고, 징세청부조합에서 일을 수행하는 데에도 도움을 주었다. 예를 들면, 그는 뻔뻔한 소매업자들이 재를 섞어 파는 담배를 식별할 수 있는 시험방법을 고안해냈다. 그는 담배 감독관으로서 담뱃가게 안으로 들어가 담배 시료에다 병에서 꺼낸 액체를 묻혀 거품이 나는지 보았다. 그른 이렇게 그 시험의 위력을 입증해 보이면서 큰 자부심을 느꼈다.

물론 담배는 세금이 붙는 상품이라 징세청부조합이 취급하는 품목이었으므로, 라부아지에의 이러한 행동에 전혀 사심이 없었다고 할 수는 없다. 그의 마음속에 숨어 있는 징세청부조합 경영자의 목소리는 오염된 담배는 "공공의 이익뿐만 아니라 경영에도 해를 끼친다"고 말했기 때문이다. 그렇지만 대개 과학은 공공의 이익을 위한 것이라는 생각이 그의 행동을 지배했다. 오물에서 새어나온 물이 파리의 식수원을 오염시킨다는 사실이 밝혀졌을 때, 공공장소에서의 공기의 질에 의문이 제기되었을 때, 전염병 확산으로 공중보건 문제가 제기되었을 때, 과학 아카데미의 부탁을 받은 라부아지에는 공공의 이익을 위해 기꺼이 자신의 전문지식을 제공하려고 했다.

이 점에서 라부아지에는 과학이 사회발전의 엔진이라고 한 콩도르세와 견해를 같이했다. 만약 철학자들의 희망처럼 사회를 마음의 혁명을 통해 변화시켜야 한다면, 만약 라부아지에가 생각하는 '물리학과 화학의 혁명'을 통해 삶을 개선시키려고 한다면, 과학이 선도적인 역할을 떠맡아야 할 것이다.

이것은 아르세날에 있던 라부아지에의 살롱에서 대화의 주제로 자주 떠오른 문제였다. 그곳 1층의 호화로운 응접실에 유럽 최고의 과학자들(가끔은 벤저민 프랭클린처럼 이따금씩 찾아오곤 하는 참석자 때문에 그 수가 늘어나기도 하였다)이 1주일에 두 번씩 모여 서로 생각을 교환하고, 이론과 실험을 비교해보고, 최신 논문을 읽었다. 때로 대화의 방향을 이끌면서 활기찬 토론을 이끈 주인공은 모두를 즐겁게 해주는 마리 안이었는데, 그녀는 그 자리에 필요한 존재였을 뿐만 아니라 토론을 이끌 만한 자격이 충분했다. 마리 안은 그 자리에 참석한 어떤 과학자 못지않게 상당한 지식을 갖춘 과학자였으며, 그녀에게 감탄한 한 방문객은 "아주 총명하고 열심히 노력하는 화학자"라고 표현했다.

한 참석자가 라부아지에의 아름다운 '철학적 아내'라고 부른 그녀의 매력은 쉽게 존경심을 이끌어냈고, 심지어는 경제학자 피에르 사뮈엘 뒤 퐁 드 네무르처럼 사랑에 빠진 사람도 많았다. 재치가 넘치고 사람들을 즐겁게 해주는 능력이 있던 뒤 퐁은 1776년 라부아지에의 살롱을 처음 방문한 순간부터 그녀에게 끌렸다. 마리는 그의 매력에 쉽게 넘어오지 않았지만, 기회와 시간은 그의 편이었다. 마리의 남편은 사업상 집을 비울 때가 많았기 때문이다. 1781년 뒤 퐁과 마리 안은 연인 사이가 되었다.

두 사람의 관계는 오래 지속되었으나, 마리는 결혼생활을 접을 생각은 꿈에도 하지 않았다. 사실 그럴 필요가 전혀 없었다. 그녀가 속한 계층에서 불륜은 이혼의 대용품쯤으로 허용되는 분위기였기 때문이다. 게다가 마리는 일에 홀딱 빠진 남편과 친구이자 헌신적인 협력자 관계를 유지하고 있었다. 계몽시대를 이끄는 한 사람으로서 라부아지에는 "아내를 독점하길 원하는 남편은 공공의 행복을 해치는 사람으로, 그리고 다른 사람을 배제한 채 혼자서 햇빛을 즐기길 바라는 바보로 간주해야 한다"는 몽테스키외의 경구에 동의했을 것이다.

라부아지에가 자신의 '새로운 화학'으로 알려진 모든 지식을 정리한 〈화학요론〉을 출판했을 때, 이미 파리 거리에는 혁명의 바람이 몰아치고 있었다.

그는 1788년에는 이 책을 쓰느라 많은 시간을 바쳤으나, 다음해에 출판사에서 초판본을 보냈을 때에는 다소 시들해진 듯했다. 그런데 그 책은 라부아지에가 원하던 얇은 책 두 권이 아니라, 두꺼운 한 권으로 출판돼 나왔다.

제본은 실망스러웠을지라도, 안에 담긴 내용은 자부심을 느낄 만했다. 1년 뒤 벤저민 프랭클린에게 보낼 책 두 권을 싸면서 라부아지에는 무거운 책에 저절로 손이 갔다. 그리고 작가의 즐거움과 독자의 호기심이 뒤섞인 시선으로 한장 한장 넘기면서 때로는 어느 장에서 한참 멈추기도 했다. 그리고 마리가 아주 훌륭하게 그린 도판도 유심히 살펴보았다. 그러고 나서 만족스럽게 책을 탁 덮고 편지지와 펜을 잡았다.

그는 이렇게 썼다. "서문에서 알 수 있듯이, 나는 사실들을 연결함으로써 진리를 발견하고, 되도록이면 주장은 없애고…… 대신에 관찰과 실험의 횃불로 대체하려고 했다오." 여기서 라부아지에는 잠깐 망설이다가 자신의 생각을 다음과 같이 정리했다. "이것은 인간 지식의 한 중요한 분야에서 일어난 혁명이오." 그러고 나서 창가를 바라보다가 그의 생각은 더 격렬한 다른 혁명으로 옮겨갔다. "이미 확립된 사실이고, 따라서 이제 되돌릴 수가 없소"라고 그는 프랭클린에게 털어놓았다. 실제로 일을 되돌리는 것은 불가능했고, 얼마 뒤에는 그 자신을 구할 기회조차 없었다.

# 과학혁명

이성의 시대에 과학은 교육받은 프랑스의 모든 남녀가 꼭 알아야 할 총체적인 지식의 일부로 간주되었다. 퐁파두르 부인은 자신도 과학에 관심 있다는 것을 보여주기 위해 초상화가에게 자기 발치에 망원경과 수학도구를 그리도록 했다. 파리의 상류층은 침대 곁 테이블 위에 과학책을 놓아두었다. 그리고 집 안에 혼천의(아래) 같은 멋진 과학도구를 놓아두곤 했다. 한 공연에서는 남자 배우가 "뭐라고! 내 현미경을 놓아두고 가야 한다고?"라고 외치며 함께 도망가기로 했던 애인과 동행하길 거부한다.

프랑스 왕들은 국민이 과학에 관심을 기울이면 얻을 것이 많다고 판단했다. 루이 14세와 그의 재상인 장 밥티스트 콜베르 때부터 시작하여 프랑스 왕들은 과학혁명을 지원하고 확대할 수 있는 국가적인

제도를 체계적으로 갖추었다. 프랑스 과학 아카데미, 파리 왕립천문대, 왕립식물원은 과학자들에게 급료를 주고, 실험실을 만들어주고, 그들의 연구를 출판하여 널리 알리고, 그들의 논쟁을 후원했다.

그렇지만 정부의 지원이 없더라도, 과학자들은 오래된 질문들에 답을 제시하고 새로운 질문을 제기하기 위해 아주 열심히 일했다. 다른 사람의 성공은 발견을 향한 노력에 자극제가 되어, 수학자 장 달랑베르의 표현처럼 "댐을 무너뜨린 강물처럼 자연 속에서 모든 방향으로 퍼져가는 마음의 활발한 발효"를 일으켰다. 18세기 말에 프랑스의 물리학자, 수학자, 천문학자, 자연과학자는 과학발전의 최전선을 탐구하는 영역에서 세상을 이끌었다.

# | 전기, 새로운 과학

이미 기원전 7세기에 밀레토스의 탈레스가 정전기와 마찰전기에 대해 언급하긴 했지만, 18세기가 시작될 때까지만 해도 전기에 대한 지식은 초보적인 수준에 불과했다. 그러나 프랑스 계몽시대의 물리학자들이 이 새로운 과학분야에 관심을 가지면서 놀라운 발전이 일어났다.

전기실험 분야에서 획기적 발견을 이룬 사람은 프랑스 보병부대에 근무하던 장교였다. 샤를 프랑수아 뒤 페는 과학 아카데미와 런던의 왕립학회에 제출한 보고서에서 여러 종류의 물질에 전기를 통하려고 시도한 자신의 실험을 자세히 묘사했다. 그리고는 두 종류의 전기가 있다고 결론지었는데, 그것을 각각 유리질 전기와 수지질 전기로 명명했다. "유리질 전기는 같은 유리질 전기를 밀어내는 반면, 다른 종류인 수지질 전기는 끌어당긴다"고 그는 설명했다.

뒤 페의 이론은 동료 실험물리학자이자 유명한 과학 강사인 아베 장 앙투안 놀레를 통해 널리 알려졌다. 놀레는 강의 도중에 1740년대 중반에 프랑스 궁정에서 보여준 것과 같은 전기실험을 직접 보여주었다. 놀레는 180명

의 경찰들이 서로 손을 맞잡고 늘어서게 한 뒤, 라이덴 병(초보적인 형태의 축전기)에 모아둔 전기를 사람들 사이로 흘러가게 했고, 전기충격을 받은 사람들은 몸을 움찔거렸다.

뒤 페와 놀레의 연구를 이어받아 벤저민 프랭클린은 전기는 오직 한 종류밖에 없지만, 양의 성질과 음의 성질을 가진 것이 있다고 주장했다. 그렇지만 프랭클린의 이론보다 사람들의 관심을 더 끈 것은 그가 1752년에 연과 열쇠로 한 실험이었다. 그는 실크로 만든 연 위에 뾰족한 철사를 붙여 뇌우 속으로 날려보냈다. 실 끝에 달린 실크 리본에는 열쇠가 하나 매달려 있었는데, 그 열쇠에서 전기 불꽃이 일어났다. 이 실험은 번개도 전기현상임을 증명해주었다. 영국 왕립학회는 프랭클린의 실험을 인정하지 않았지만, 프랑스 과학 아카데미는 그 실험을 재현하는 데 성공하여 1753년에 그 결과를 발표했다. 프랭클린은 거기서 더 나아가 집과 공공건물과 배를 번개로부터 보호할 수 있는 피뢰침까지 발명했다.

프랑스 사람들 사이에서 프랭클린의 인기는 미국 독립전쟁이 끝난 직후 절정에 이르렀다. 그는 "하늘에서는 번개를 낚아챘고, 전제군주로부터는 왕홀을 빼앗았다"는 말을 들었다.

궁정 여인들이 지켜보는 가운데 아베 놀레가 한 젊은이의
머리 위에 전기를 띤 유리막대를 갖다대고 있다. 유리막대가
머리에 닿는 순간 정전기에서 발생한 전기 불꽃이 튀었다.

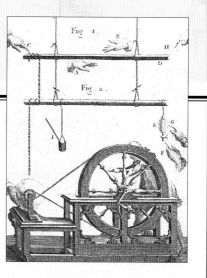

전기 만드는 장비를 묘사한 위 그림은
놀레가 1746년에 출판한 책
〈신체 전기에 관한 에세이〉에 실렸다.

1749년, 놀레는 식물의 생장과 동물의
식욕 및 건강에 미치는 효과를 관찰하기 위해
선반에 전기를 띠게 하는 실험을 했다.

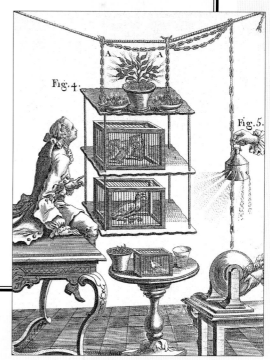

# | 수학 : 산업의 과학

계몽시대의 프랑스에서 활짝 핀 과학분야 중에서도 합리주의 정신을 가장 잘 반영한 것이 수학이었다. 수학자이자 천문학자인 피에르 시몽 라플라스는 자신의 저서 〈천체역학〉에 신에 관한 언급이 왜 하나도 없느냐는 질문을 받자, "그런 가설이 전혀 필요 없었기 때문"이라고 간단히 대답했다고 한다.

뉴턴이 활동하던 시기에는 응용수학이 천문학, 지리학, 지도학, 항해, 측량 등의 분야에 광범위하게 이용되었다. 새로운 분석수학 이론들은 프랑스 산업에 혁명을 일으키는 데 중요한 역할을 했는데, 특히 배의 선체와 돛과 닻을 설계하는 데, 광학, 수차와 터빈, 악기의 현과 금속판의 진동 등에 유용하게 사용되었다.

당대의 유명한 수학자이던 조제프 루이 라그랑주는 19세 때부터 과학연구를 시작했다. 각자 독자적으로 미적분을 발견한 아이작 뉴턴과 고트프리트 빌헬름 라이프니츠의 연구를 이어받아 변분을 만들어내고, 미분과 적분의 새로운 계산기술을 고안했다. 루이 16세는 라그랑주가 과학 아카데미 회원으로 선출되도록 각별히 신경 썼으며, 루브르에 거처를 마련해주기까지 했다. 라그랑주가 우울증 때문에 고생할 때에는 마리 앙투아네트가 그의 기분을 맞추어주어 다시 연구를 계속하게 한 일도 있었다.

라그랑주는 프랑스 혁명에서도 살아남았고, 1791년에는 새로운 도량형 체계를 만들기 위한 정부위원회를 책임지게 되었다. 그는 다른 위원들과 함께 미터법(아마도 프랑스 혁명의 유산 중 가장 오래도록 그 영향을 미치는 게 아닌가 싶다)뿐만 아니라 혁명력도 고안했다.

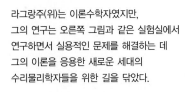

라그랑주(위)는 이론수학자였지만, 그의 연구는 오른쪽 그림과 같은 실험실에서 연구하면서 실용적인 문제를 해결하는 데 그의 이론을 응용한 새로운 세대의 수리물리학자들을 위한 길을 닦았다.

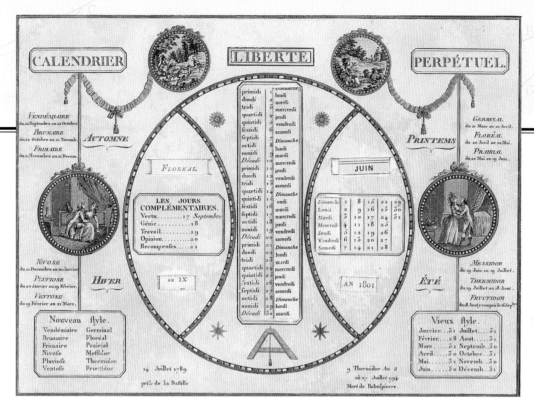

자연 풍경과 남녀가 사랑하는 장면까지 곁들인 이 달력은 라그랑주가 이끈 위원회가 내놓은 새로운 달력 체계를 보여준다. 추분으로 시작되는 1년은 열두 달, 한 달은 30일, 1주일은 10일로 정했다. 각 달에는 자연을 기념하는 이름이 붙었고, 날에는 1부터 30까지 번호가 붙었다. 1793년 프랑스에서 채택했으나 널리 사용되지 못하고 1806년에 폐지되었다.

프랑스 측량 팀이 자오환(아래 확대 그림)이라는 도구로 거리를 측정하고 있다. 라그랑주가 이끈 위원회는 거리의 단위로 미터를 채택했는데, 지구 둘레 길이의 1/4의 1,000만분의 1을 1미터로 정했다.

# 새로운 하늘의 모습

17세기에 갈릴레이의 망원경은 하늘을 열었고, 아이작 뉴턴은 천체의 운동을 설명할 수 있는 수학 공식을 발견했다. 100년 뒤, 파리 왕립천문대의 과학자들은 인간의 마음이 자연에 존재하는 모든 것을 설명하고 계량화할 수 있다는 믿음을 갖고, 천체 관측도구를 개선시키고 이러한 발견을 확대시키고자 노력했다.

과학 아카데미의 뛰어난 수학자 가운데 알렉시 클로드 클레로가 있었다(그는 12세 때 최초의 논문을 제출했다). 클레로는 1736년에 라플란드를 탐사하는 프랑스 탐사대의 일원으로 참여하면서 경력을 시작했다. 북극권에서 지구의 곡률을 측정하는 임무를 띠고 떠난 탐사대는 1년 뒤 뉴턴의 중력이론과 지구가 구형이라는 그의 주장이 옳다는 증거를 갖고 돌아왔다. 클레로는 1758년 11월, 과학 아카데미에 제출한 논문에서 섭동(큰 행성이 근처에 있는 작은 천체의 궤도에 영향을 미치는 효과)이라는 새로운 이론을 사용해 핼리 혜성이 돌아올 날을 예측했다. 그리고 오차의 한계로 한 달을 두었다. 핼리 혜성은 클레로가 예측한 정확한 그 날

짜에 돌아왔고, 클레로는 뉴턴의 후계자라는 칭호를 얻었다.

클레로가 큰 성공을 거두고 찬사를 받긴 했지만, 18세기 후반은 수학자이자 천문학자인 피에르 시몽 라플라스의 독무대였다. 1785년부터 1788년 사이에 발표한 다섯 편의 논문에서 라플라스는 수백 년에 걸쳐 행성들의 운동에 주기적 요동이 일어나긴 하지만, 태양계가 아주 안정적이라는 것을 증명했다. 그는 수학 방정식을 통해 목성과 토성, 그리고 특히 달의 운동이 태양과 다른 행성들의 중력 때문에 일어난다는 것을 보여주어 뉴턴을 괴롭혔던 문제를 해결했다.

라플라스는 1799년부터 1825년까지 모두 다섯 권으로 출판한 〈천체역학〉에서 18세기에 이루어진 과학의 발전을 요약했다. "연구대상의 고결함과 그 이론들의 완전성 때문에 천문학은 인간의 지성을 가장 고상하게 입증해주는, 인간 정신의 가장 깨끗한 기념비이다"라고 그는 말했다.

역사상 최고의 수리물리학자 중 한 사람으로 꼽히는 라플라스는 일찍이 과학 아카데미의 인정을 받아 1773년에 24세의 나이로 회원이 되었다.

18세기에 제작된 이 동판화는 하늘의 신비에 대해
강의를 듣고 있는 백작 부인을 묘사하고 있다.
이 동판화는 태양 주위를 돌고 있는 행성들,
목성의 위성, 토성의 고리를 포함해 그 당시
이루어진 천문학적 발견을 정확히 묘사했다.

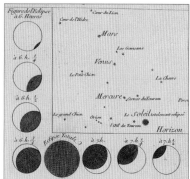

프랑스에서 제작된
이 도표는 1724년에
일어난 개기일식을
예측한 것으로,
개기일식이 일어나는
시간과 지속 시간,
그리고 그밖의 특징을
정확히 담고 있다.

파리 왕립천문대(아래 그림은 17세기에 인쇄된 그림임)는 많은 활동의 중심지였다.
천문대 지붕뿐만 아니라 땅 위에도 망원경과 자오환을 설치했다.

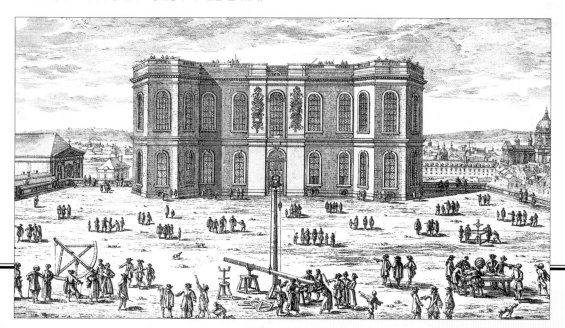

# | 자연의 질서를 발견하다

많은 과학자들이 역학과 수학의 수수께끼를 풀려고 노력한 반면, 그러한 이론들을 생물에 적용하려고 시도한 사람들도 있었다. 그러나 근육의 힘을 측정하거나 근육수축을 묘사하는 것으로는 자연의 복잡성을 설명하지 못했는데, 18세기 들어 박물학이 새로운 탄생을 맞이하게 되었다.

이 분야를 이끈 두 과학자는 스웨덴의 식물학자이자 의사였던 카를 폰 린네와 프랑스의 박물학자 조르주 루이 르클레르(뷔퐁 백작)였는데, 두 사람은 견원지간인 적수였다. 시골 목사의 아들로 태어난 린네는 식물학을 연구해 방대한 논문을 썼으며, 모든 동식물을 분류할 수 있는 체계를 고안했다. 그는 스웨덴 과학 아카데미를 설립하는 데 큰 역할을 했고, 1762년에는 프랑스 과학 아카데미의 해외회원으로 임명되었다.

유명한 박물학자 뷔퐁은 44권짜리 〈박물지〉의 저자 중 한 명으로, 1734년에 과학 아카데미 회원이 되었고, 5년 뒤에는 파리 왕립식물원장으로 임명되었다.

두 사람의 견해가 심하게 충돌한 것은, 생물을 과로 나누고 나서 다시 속과 종으로 나눈 린네의 체계가 겉모습 같은 인위적인 기준에 바탕했다고 뷔퐁이 공격하면서부터였다. 뷔퐁의 체계에서는 오직 종(두 개체간의 생식에서 생식 가능한 자손이 태어나는 생물 집단)만 인정했다. 두 사람간의 적개심은 갈수록 커져 나중에 린네는 방에 뷔퐁의 초상화가 자기 초상화 옆에 걸려 있다는 이유로 식사를 거부하기까지 했다. 그렇지만 결국 린네의 체계가 약간의 보완을 거쳐 보편적으로 받아들여졌다.

조르주 루이 르클레르(뷔퐁 백작)는 한 동료와 함께 18세기 프랑스에서 가장 많이 읽힌 과학책을 저술했다. 기념비적인 작품 〈박물지〉는 인간의 박물학과 가축과 야생동물에 관한 연구를 다루었다.

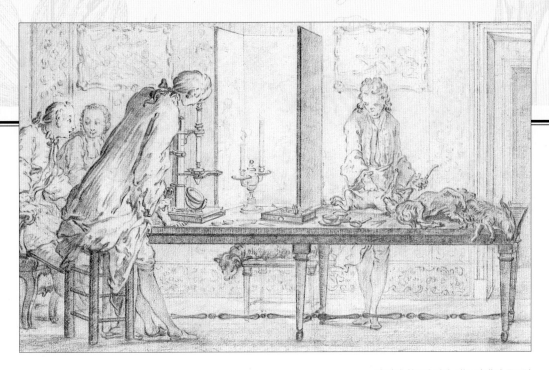

뷔퐁(맨 왼쪽에 앉아 있는 사람)이 동료인
장 마리 도방통과 외과의사가 동물의 생식을 연구하기
위해 암캐를 해부하는 장면을 지켜보고 있다.

뷔퐁은 약 50년 동안이나 왕립식물원장으로
재직했다. 이곳은 18세기 유럽에서 약용식물과
관상식물이 가장 많이 모여 있는 식물원이었다.

# 3 :: 벼랑 끝에 선 프랑스

파리 경찰청장 니콜라 르네 베리에는 책상 위에 놓인 보고서를 읽으면서 만족스런 미소를 지었다. 루이 샤를 푸제레 드 몽브롱에 관한 그 보고서에는 "페론 지방의 우체국장 아들로 뻔뻔스러운 성격이다"라고 적혀 있었다. 그는 '불경스러운 이야기'와 '관능적 즐거움에 관한 수필을 쓴' 죄를 범했다. 게다가 몽브롱은 프랑스 정부를 비꼬고 중상하는 글을 썼는데, 그 가운데 상당수는 베리에를 겨냥한 것이었다. 그 해인 1748년 11월 7일의 보고서 항목을 읽으면서 경찰청장의 미소는 더 커졌다. "그는 나쁜 소설을 쓴 혐의로 체포되었다. 그 원고는 체포될 때 그의 하숙집에서 압수되었다."

파리의 작가에 관한 다른 보고서와 마찬가지로 이것 역시 책 검열을 맡고 있던 조제프 데메리가 작성한 것이었다. 장 자크 루소처럼 명성 높은 작가에서부터 별로 알려지지 않은 작가에 이르기까지 400여 명(그중 1/3은 프랑스 작가)에 이르는 작가를 일일이 추적하고 감시하는 게 데메리의 일이었다. 그 목적은 공중도덕이나 교회 혹은 왕의 권위를 훼손할 위험이 있다고 간주되는 책이나 소책자, 심지어 노래까지 탄압하는 데 있었다.

신문기사, 편지, 경찰첩자의 보고 내용, 바스티유 감옥의 심문에서 얻은 첩보 등을 취합한 자신의 정보문서를 바탕으로 데메리는 관료적인 완벽성뿐만 아니라 문학적 감성도 뛰어난 보고서를 만들어냈다. 데메리는 사실상 18세기 프랑스 문학계의 명사록(Who's Who)을 만든 셈이었다(관찰한 사실과 판단까지 덧붙여). 비록 그는 '천재성'이나 '재능', '위트', '솔직함', '안목'을 보인 사람들을 충분히 인정했지만, 부정적인 견해도 숨기지 않았다. 그는 한 작가에 대해 "글을 너무 가혹하게 쓰고, 안목이 별로 없다"고 평가했고, 또 다른 작가에 대해서는 "참을 수 없을 정도로 잘난 체한다"고 평했다.

데메리는 특히 작가들의 신체적 특징을 생생히 묘사했는데, 그 당시 유행하던 유사과학인 골상학에 큰 영향을 받은 게 분명하다. 그래서 "뚱뚱하고, 얼굴이 둥글고, 눈빛에 딴생각을 품고 있다"거나 "메스껍고, 두꺼비 같고, 굶주려 죽어가는", "가무잡잡하고, 키가 작고, 더럽고, 역겨운", "추하고, 호색가 같은 행동을 보이며, 얼굴이 여드름으로 뒤덮여 있다"는 등의 표현을 사용했다. 몽브롱에 대해서는 "키가 크고 건장하며, 피부는 갈색이고, 골상이 단단하다"고 묘사했다.

데메리는 작가의 개인 성격을 평가하는 게 장기였다. 예를 들면, 몽브롱이 한때 궁정에서 근위병으로 일했다는 사실을 지적하면서 "나쁜 성격 때문에 그 일을 그만두어야 했다"고 썼다. 그리고 드니 디드로에 대해서는 "위트가 뛰어나고 신앙심이 없는 걸 자랑스럽게 여기는 젊은이임. 아주 위험함. 신성한 기독교 의식을 경멸함"이라고 평가했다.

작가들을 감시하고 통제하는 것은 니콜라 베리에 밑에 있는 3,000여 명의 경찰이 맡고 있는 수많은 임무 중 하나에 지나지 않았다. 경찰 한 명이 파리 시민 200명을 맡아야 했는데(오늘날 미국 대도시의 상황에 비하면 상당히 양호한 편이다), 그들이 수행해야 하는 모든 업무를 감안하면 3,000명도 모자라는 형편

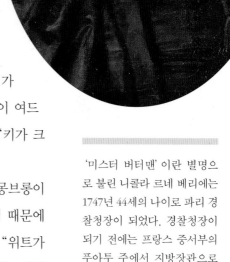

'미스터 버터맨'이란 별명으로 불린 니콜라 르네 베리에는 1747년 44세의 나이로 파리 경찰청장이 되었다. 경찰청장이 되기 전에는 프랑스 중서부의 푸아투 주에서 지방장관으로 일했다.

이 매춘부들은 감옥이나 구빈원으로 실려가고 있다. 매춘부는 공공의 안녕을 위협하는 존재로 간주되었지만, 경찰은 그들을 첩자로 고용했다.

이었다. 그들은 거리를 순찰하고, 감옥을 유지하고, 불도 꺼야 하고, 상업을 규제하고, 가격을 정하고, 민병대를 관리하고, 건물의 안전을 감독하고, 통행증을 검사하고, 외국인 같은 의심스러운 사람들을 추적하고, 심지어는 기아에게 유모를 찾아주는 일까지 해야 했다. 다시 말해서, 그 당시의 한 사전에 따르면 경찰은 '주민의 안전과 편리에 영향을 미치는 모든 것'에 책임이 있었다.

베리에는 그날 아침 출근하면서 또 다른 경찰의 임무가 생각났다. 그것은 파리의 거리를 깨끗하게 유지하는 것이었다. 여느 날과 마찬가지로 그날도 그 시간에는 쓰레기가 쌓인 거리에서 악취가 풍겼고, 몇 블록 떨어진 곳에서 종 치는 소리가 들려왔다. 종소리는 주민에게 쓰레기 치우는 사람들이 왔으니 쓰레기를 갖다놓으라고 경찰이 울리는 것이

었다. 집무실에 도착하기 전에 베리에는 쓰레기를 담아 시 밖으로 옮기기 위해 말이 끄는 수레가 거리를 올라가는 것을 보았다. 각각의 쓰레기 수거 수레(파리에는 모두 130여 대가 있었다)에는 삽과 빗자루로 무장한 두 사람이 붙어 있었다. 이들은 대개 도시 근교에서 농사를 짓는 농부였는데, 쓰레기 수거를 위해 품을 팔 뿐 아니라, 짐말까지 시에 임대했다.

베리에의 부하들은 밤에도 거리에 불이 잘 들어오도록 유지해야 하는 책임이 있었다. 파리 거리에는 13.5m 간격으로 지상 4.5m 높이에 촛불이 빛나는 유리 랜턴이 약 6,500개 있었다. 435명의 램프 관리인이 이것들을 관리했

하수도가 파리 거리 한가운데로 넘쳐흐르자, 한 남자가 약간의 돈을 받고 보행자를 업어서 건네주고 있다. 가정에서 나오는 하수를 처리하기 위해 설계된 도랑들은 종종 쓰레기와 똥으로 막히곤 했기 때문에, 큰비라도 쏟아지면 빗물이 제때 흘러 내려가지 못해 하수가 넘치곤 했다.

지방에서 실어 날라온 밀, 목재, 건초 등을 센 강 제방에 풀어놓는 광경을 묘사한 18세기의 동판화. 음식과 연료 부족은 종종 시민 소요가 발생하는 원인이 되곤 했다.

벨기에 리에주의 한 서점 밖에 쌓여 있는 이 포장된 책들은 아마도 프랑스로 갈 것이다.
프랑스 작가들은 종종 검열을 피하기 위해 해외에서 책을 출판한 다음, 국경을 넘어 밀수입하게 했다.

# | 출판계 |

고상한 문학계 인사도 아니고 파리의 문학 살롱에 들락거리지는 않았지만, 18세기 프랑스에 살던 수백만 보통 사람들은 책을 아주 좋아한 독자였다. 18세기 동안에 문자 해독률은 꾸준히 증가하여 남자는 47%, 여자는 27%에 이르렀으며, 책에 대한 수요가 점점 증가하면서 출판계는 폭발적으로 발전했다.

자극적인 정치적 소문이나 스캔들을 담은 정기 간행물이 그 당시 출판물의 대부분을 차지했다. 그러나 대중은 철학과 예술 및 과학에 관한 책도 읽었다. 디드로의 〈백과전서〉, 뷔퐁의 〈박물지〉, 볼테르 전집 등은 아주 많이 팔렸다. 소설도 선을 보이며 큰 인기를 얻었다. 독자들은 역경을 뚫고 성공하는 사람에 관한 이야기나 착하지만 곤궁에 처한 여주인공이 끝에 가서 결혼이나 악인의 죽음으로 행복을 찾는 이야기를 좋아했다. 상상으로 지어낸 여행기도 대중의 인기를 끈 장르였다. 작가들은 이국적인 장소와 사람들에 관한 이야기 속에 정치적·사회적 비판을 담아 흥미를 더했다. 책값은 비싼 편이었지만, 전국의 도시와 지방 중심지에서 생겨나고 있던 대여 도서관에서 대부분의 책을 빌릴 수 있었다.

교육을 위한 것이건 재미를 위한 것이건 간에, 계몽시대에 책은
아주 소중한 자산이었다. 오른쪽 학생은 책을 보고 공부하고 있고,
위 그림에서는 젊은 남녀가 도서관에 모여 책을 읽고 대화를 나누고 있다.

는데, 한 사람이 관리하는 랜턴은 15개를 넘지 않았다. 그래서 불을 켤 시간(이것 역시 경찰이 종을 울려 알린다)이 되면, 30분 안에 모든 도시의 랜턴에 불을 붙일 수 있었다. 랜턴 속의 촛불은 대개 새벽 두시경에 꺼졌는데, 한밤중에 범죄가 일어나는 것을 예방하기 위해 다시 불을 밝혀야 했다.

베리에는 몽브롱에 관한 보고서를 덮고 나서 오늘이 금요일이란 사실을 알아챘다. 경찰청장에게는 아주 바쁜 날이다. 오전 동안 회의와 서류를 처리하며 보낸 뒤, 또 다른 의미에서 도시를 깨끗이 하는 일을 준비하기 시작했다. 매주 금요일 오후 3시부터 6시까지 그는 파리의 왕립법원 중 가장 바쁜 곳인 샤틀레의 판사로 일해야 했다. 이곳에서 그는 광범위한 사건들을 처리해야 했는데, 많을 때에는 200건까지 처리하기도 했다. 협약사항을 어긴 혐의로 고발된 길드 회원, 다른 사람이 포도주를 쏟는 바람에 옷과 가발을 버린 외과의사, 밤에 가게 문을 잠그는 걸(이것은 법으로 명시돼 있었다) 잊어버린 가게 주인, 밤 10시 이후에 술을 판 술집 주인, 유모에게 약속한 돈을 지급하지 않은 부모, 2층 창문을 통해 거리로 소변을 본 시민, 정해진 가격보다 비싼 가격에 버터를 판 식료품 가게 주인 등 대부분의 사건은 일상적으로 일어날 수 있는 평범한 일이었다.

그거야 늘상 하던 일이었다. 그러나 샤틀레에서 업무를 보고 나서 이틀 뒤에는 또 다른 중요한 곳에 들러 일을 보아야 했다. 일요일 오전마다 베르사유 궁전의 정치적 후견인들에게 주간 보고서를 보내야 했던 것이다.

마차가 도시에서 벗어나 서쪽으로 궁전을 향해 다가갈 때, 베리에는 여자들을 가득 싣고 반대 방향으로 달려가는 마차를 지나치곤 했을 것이다. 그 여자들은 버려진 아이들을 돌보기 위해 파리 경찰청이 고용한 유모들이었다. 매년 파리의 거리나 교회 계단에 버려져 경찰로 넘어오는 신생아는 약 4,000명이나 되었다. 그 아이들에게 모유를 먹이기 위해 경찰은 파리 주변의 마을들을 돌아다니며 젖 먹일 사람을 찾았다. 돈 때문에 다른 아이에게 젖을 먹이길 원하는 여성을 파리로 실어가 젖을 먹이게 한 다음, 다시 집으로 돌려 보냈다. 그러나 경찰과 유모들의 노력에도 불구하고, 유아 사망률은 아주 높았다. 경찰이 돌본 아이 중 30% 이상이 첫돌을 넘기지 못했다.

버려진 아이들을 돌보는 것은 파리 주민을 위해 경찰이 담당한 사회복지 프로그램 중 하나에 지나지 않았다. 경찰은 왕과 교회 및 다양한 민간부문에서 보내온 자금을 사용해 종종 폭동으로 치닫곤 하던 식량부족 사태를 막으려고 노력했다. 어려운 시기가 닥치면 경찰은 가난한 사람들에게 쌀과 생선, 석탄을 나누어주고, 실직자에게 일자리를 구해주고, 심지어 극빈자에게는 매달 소액의 돈도 지급했다. 이제 12월이 눈앞에 다가왔으므로 베리에는 고기를 먹지 못하는 사순절 기간에 파리 시민에게 먹일 여분의 곡물과 채소와 생선을 구해오라고 사람들을 지방으로 보내야겠다고 생각했다.

프랑스 사회 내의 양극단을 모두 바라볼 수 있는 자신의 특별한 지위에 대해 생각하면서 베리에는 베르사유를 향한 발길을 재촉했다. 왕국의 가장 낮은 밑바닥과 화려한 궁정생활을 모두 맛볼 수 있는 사람은 자기말고는 거의 없을 것이라는 생각이 들었다. 게다가 궁정에서도 경찰청장만큼 막강한 권한을 행사하는 사람은 거의 없었다.

수도에서 왕의 뜻을 집행하는 중요한 인물로서 베리에는 막강한 권한과 명성을 누렸고, 대개 주교나 왕족에게만 붙이던 칭호인 몽세뇌르(Monseigneur: 각하, 예하)라는 칭호도 들었다. 매주 베르사유를 방문할 때마다 베리에는 대신들이나 때로는 루이 15세와 직접 대화를 나누었다. 그의 권력은 왕의 공식적인 정부인 퐁파두르 부인의 비호를 받으면서 더욱 커졌다. 퐁파두르 부인은 베리에가 변호사로 일하던 1747년에 경찰청장 자리를 마련해주었다. 같은 시대에 살았던 사람의 말에 따르면, 베리에는 퐁파두르 부인의 '비밀 정보원이었고, 어느 모로 보나 그녀가 만든 작품'이었다.

퐁파두르 부인과 루이 15세는 경찰이 소요를 잠재우는 최선의 수단이라고

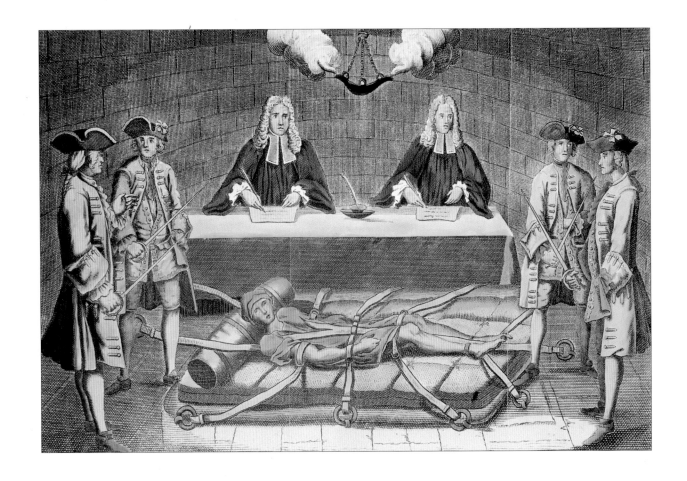

생각했고, 그에 따라 베리에는 파리 시민을 감시하는 데 많은 노력을 기울였다. 그러한 감시 중 일부는 파란 제복을 입고 걸어다니거나 말을 타고 거리를 순찰하는 1,500여 명의 경찰이 수행했다. 파리 시민 중에서 총기를 소지할 수 있는 사람은 이들뿐이었다. 그밖에도 사복경찰이 있었다. 이 경찰병력의 핵심은 20여 명의 검문관으로, 이들은 매일 호텔과 하숙집의 숙박 명부를 조사하고, 중고품을 취급하는 가게와 상인을 방문하여 훔친 물건이 없는지 살폈으며, 중상자를 치료한 의사의 진료기록을 확인하고, 아기를 받은 조산원의 기록도 훑어보았다.

### 국왕 시해의 대가

1757년 1월 5일, 로베르 프랑수아 다미앵이라는 하인이 루이 15세를 살해하려고 시도했다가 실패한 뒤 체포되었다. 공모자가 있을 것이라고 생각한 경찰은 암살자를 고문했다. 다리를 단단하게 묶은 다음(위), 양무릎과 발꿈치 사이에 나무쐐기를 집어넣어 무릎과 발꿈치를 벌렸다. 그리고 목구멍 속으로 약 18ℓ의 물을 쏟아부어 삼키게 했다. 그래도 다미앵은 공모자의 이름을 불지 않았다. 결국 그는 양쪽에서 끌어당기는 말에 사지가 찢겨 죽었다.

도시에서 일어나는 모든 일을 감시하기 위해서는 추가로 은밀히 활동하는 1,000여 명의 정보원이 필요했다. 파리 시민은 그러한 정보원이 도처에 깔려 있다고 믿고 있었으며, 경찰은 그러한 믿음을 부추기려고 노력했다. 검문관은 스스로를 비밀요원이라 불렀고, 시민들은 그들을 '무슈(mouche)', 곧 파리라고 불렀다. 이들은 대부분 밑바닥 출신(심지어는 죄수 출신도 있었다)이었기 때문에 사람들은 이들을 아주 싫어했다. 사순절 기간에 여관과 식당을 돌아다니면서 환자와 임산부 외에 고기를 먹는 사람이 없는지 감시하는 일도 '무슈'가 담당했다. 일요일이 되면 이들은 식품말고는 어떤 물건도 사고팔지 못하게 했고, 심지어는 교회에 가는 사람들의 행동과 복장까지 감시했다.

첩보를 수집하기 가장 좋은 장소는 술집이었다. 파리의 하층민(남녀를 불문하고)은 술집에 가서 먹고 마시고 교제를 하고, 당구나 체스, 다트, 주사위, 카드 같은 게임도 했다. 사람들은 술집에서 일자리를 구했고, 사업계약도 그곳에서 맺었다. 술집은 경찰의 구미가 당기는 장소이기도 했다. 말다툼, 매춘, 선동적인 이야기, 장물 거래 등이 이곳에서 일어났다. 작가이자 사회비평가인 루이 세바스티앙 메르시에는 "파리의 대중계급을 속박에서 풀어주면, 그들을 저지할 수 있는 것은 아무것도 없다. (경찰에 의한) 기존의 통제에서 풀려난 그들은 폭력으로 치달을 것이고, 그 폭력의 수위는 걷잡을 수 없을 것이다. 그들은 어디서 멈추어야 할지 모르기 때문이다"라고 말했다.

베리에는 술집과 거리에서 창녀들을 쫓아내기 위해 대대적인 단속을 벌였다. 비록 매춘은 불법이었지만, 베리에는 창녀들이 엄격히 통제된 매춘굴에서만 영업을 한다면 봐주었다. 포주들은 경찰 검사관에게 검사를 받게 하여 자신이 데리고 있는 창녀들이 처녀가 아니라 성 경험이 많은 여자라는 걸 입증해야 했다. 또 고객들에 대한 보고서도 매주 제출해야 했다. 유명인사의 이름은 경찰에게 협박이나 정치적 협상을 할 수 있는 카드를 제공했다. 예를 들면, 베리에는 프랑스 주재 교황 대사가 보두앵 부인의 매춘굴에 있던 한 창녀에게 홀딱 빠졌다는 사실을 보고받았다. 그 젊은 여자(마침 임신 중이었다)는 1주일에 두 번씩 그의 거처를 방문했고, "뱃속에 든 아기가 그의 아기라고 믿게 하는 데 성공했다."

첩자들의 주요 표적 중에는 프랑스 시골 지역에서 흘러온 사람들도 있었다. 그들은 쉽게 표가 났다. 파리에 오래 거주한 사람들은 뚱뚱하고 피부가 흰 반면, 그들은 마른 편이고 햇볕 아래서 오랫동안 일한 탓으로 피부가 거무스름하고 옷도 남루했다. 법정에 서는 피고인 중 2/3는 파리 밖에서 태어난 사람들이었다. 많은 사람들은 부랑자나 거지가 되어 살아갔고, 이들을 거리에서 쫓아내는 일에 수백 명의 공무원이 투입되었다.

1749년 11월, 왕의 새 칙령이 내려오자 부랑자를 소탕하려는 베리에의 노력은 더욱 강화되었다. 시골 지역에 기근이 닥치자 굶주린 사람들이 평소보다 훨씬 많이 파리로 몰려들었다. 그 다음해에 파리의 거지 수는 1만 5,000여 명으로 추산되었다. 칙령에는 "파리 거리에서 발견되는 모든 거지와 부랑자는 나이와 성을 불문하고 체포하여 투옥하라"고 적혀 있었다. 나이에 관한 부분을 문자 그대로 해석한 베리에는 청소년, 그중에서도 특히 거리에서 노름을 하거나 무리를 지어 돌아다니는 청소년들을 잡아들이라고 명령했다. 그는 부랑자를 한 명 잡아올 때마다 상금을 주었는데, "상품이 배달되면 그저 돈을 지불할 뿐"이라고 말했다.

얼마 뒤 10대 청소년과 심지어 어린이까지 거리에서 찾아보기 힘들어졌다. 청소년들이 모여 있는 곳에 사복경찰이 접근하여 용의자를 지역 경찰서장에게 데려가 기소 여부를 결정하게 하는 통상적인 체포절차도 생략한 채 마차에 태워 곧장 감옥으로 끌고갔다. 쥐꼬리만한 급료를 보충하고자 상금에 눈이 먼 경찰은 부랑자 어린이뿐만 아니라 상인이나 장인의 자녀들까지 무차별적으로 잡아들였다. 그중 많은 어린이는 도제나 점원으로 일하고 있었지만, 베리에는 자기 부하들이 던지는 널따란 그물을 별로 통제하지 않았다. 그러면서 공공장소에서 노름을 하기 위해 부모의 돈을 훔치는 비행 청소년에 대한 부모들의 불평이 많이 들어오고 있다며 그러한 조처를 변명했다. 그러한 부모는 경찰이 자기 자녀를 체포해 혼을 내주어 다른 사람들에게도 본보기가 되길 원한다고 설명했다.

그러나 1750년 5월, 수백 명의 아이가 납치되자 파리의 여성들이 들고일어났다. 베리에가 비난의 표적이 되었는데, 그가 '왕의 매춘부'로 불리던 퐁파두르 부인의 비호를 받고 있던 것이 한 원인이었다. 온갖 유언비어가 퍼지기 시작했다. 북아메리카의 프랑스 식민지를 경영하기 위해 그곳으로 아이들을 보낸다는 소문도 있었다. 심지어는 나병에 걸린 왕자나 공주(한 이야기에서는 왕 자신)를 치료하려면 피로 목욕을 하는 게 필요한데, 이를 위해 아이들의 피를 뽑아 죽인다는 소문도 나돌았다. 여성들은 임의체포를 막아달라는 탄원을 하고, 지역 경찰서장에게 불만을 제기했다. 그래도 체포가 계속되자 마침내 분노가 끓어넘쳤다. 5월 16일, 아이의 손을 잡고 길을 걸어가던 한 여인은 옆을 지나가던 마차에 경찰들이 타고 있자 덜컥 겁이 났다. 그 여인은 아이를 꼭 붙들고 행인들에게 그 마차에 아이를 납치하는 경찰이 타고 있다고 소리쳤다. 군중이 마차 주위로 몰려들어 경찰을 공격해 한 명이 사망하고, 여러 명이 부상을 입었다.

1주일 뒤 도시 전역에서 폭력사태가 발생했다. 5월 22일에는 파리 시내 여섯 군데에서 경찰과 충돌하는 사태가 발생했다. 조금만 자극을 받아도 수백명, 때로는 수천 명의 군중이 주먹과 각목과 돌로 경찰을 공격하고, 무기를 얻기 위해 상점을 약탈했다. 부랑자와 말썽을 피우는 사람뿐만 아니라, 여인과 상인, 장인을 비롯해 각계각층의 민중이 다 시위에 참여했다. 이러한 혼란 속에서 시위자 중 20명이 사망했다.

그 다음날 센 강 우안 팔레루아얄과 생오노레 시장 사이에 위치한 생로슈 교구에서 다시 폭동이 발생했다. 그날 아침 9시경 라베라는 사복경찰이 11세짜리 소년을 체포하려다가 사람들에게 발각되었다. 사람들이 소년을 구하기 위해 몰려들었고, 라베를 공격했다. 라베는 부상당한 몸으로 시장 쪽으로 달아났다. 뒤쫓던 사람들은 그가 매점 사이를 지나 시장을 굽어보고 있는 건물 안으로 들어가는 것을 보았다. 부뒤몽드 가에 있던 그 건물에는 라베의 정부가 살고 있었는데, 세탁부로 일하던 그 여자 역시 경찰의 첩자로 활동하고 있었다. 라베는 그 여자의 다락방 침대 밑에 숨어 있다가 붙잡혀 거리로 끌려나왔다.

그때 경찰들이 도착하여 몰매를 맞던 라베를 구했다. 점점 불어나는 군중의 손아귀에서 동료를 구한 경찰은 라베를 근처의 생오노레 가에 있는 경찰서장 집으로 데려갔다. 라베는 코르크 마개뽑이를 들어 보이며 자신은 '포도주 가게에서 일하는 사람'이라고 주장했지만, 군중은 그 말을 무시하고 그 뒤를 따라갔다.

라베가 경찰서장의 집 안으로 들어가자, 군중도 그 뒤를 따라 들어가려고 시도했다. 경찰들이 총검으로 그들을 제지하려고 했다. 군중 속에서 누군가 권총을 발사하

1768년 리옹에서 발생한 폭동에서 사람들이 고양이 시체를 막대에 매단 채 난동을 부리고 있다. 이 폭동은 아이들을 납치해 해부학 실험에 이용한다는 소문이 도화선이 되었다. 18세기의 프랑스에서 폭력은 아주 흔한 것이었으며, 특히 청소년과 가난한 사람들 사이에서 빈번하게 일어났다. 싸움과 폭동도 자주 일어났는데, 사소한 모욕이나 새로운 세금 부과, 기근이 닥칠 조그마한 조짐도 그 원인이 되는 경우가 많았다.

자, 양측에서 서로 총을 쏘기 시작했고, 사람들은 서장의 집 안으로 밀고들어갔다. 라베는 또다시 군중에게 붙잡혔다. 그는 어찌어찌하여 다시 군중의 손에서 탈출하는 데 성공했으나, 생로슈 교회 밖에서 다시 붙들려 몽둥이와 돌에 맞아 죽고 말았다.

흥분한 군중은 그것으로 분이 풀리지 않았다. 그들은 라베의 시체를 끌고 어린이 납치에 책임이 있는 사람, 곧 경찰청장인 니콜라 베리에의 관저로 갔다. 그렇지만 그들이 관저를 포위하기 전에 베리에는 정원을 통해 탈출했다. 그때 대규모 경찰병력이 도착하여 라베의 시체를 빼앗아 사다리에 싣고 시체 공시소로 옮겼다.

그날 밤, 라베의 정부가 살고 있는 부뒤몽드 가에 일단의 사람들이 모였다. 그들은 그녀의 집 창 아래서 불을 피우고 일종의 종교의식을 치렀다. 한 사람이 고양이의 목을 베었다. 그 시체에다가 시궁창에서 떠온 '성수'를 뿌리고, 찬송을 부르는 가운데 시체를 불 속으로 던져넣었다. 군중은 야유를 보내며 경찰첩자는 모두 똑같은 운명에 처해야 한다고 목청을 높였다.

결국 파리의 어린이 실종사건을 전면적으로 조사하기 위해 사법당국이 개입했다. 베리에는 암묵적인 질책을 받았다. 그는 그때까지 써온 방법을 청산하고, 부하들에게 가장 가까운 경찰서장에게 용의자를 데려가 기소 여부를 결정하는 절차를 꼭 지키게 하라는 명령을 받았다. 경찰 네 명은 소액의 벌금형을 받았고, 고등법원 청사에서 무릎을 꿇고 빌라는 명령을 받았다. 그러

조산원 뒤 쿠드레 부인(위 그림은 출산에 관해 그녀가 쓴 책에 실린 것임)은 루이 15세로부터 농촌 여성들에게 아기를 안전하게 낳을 수 있는 방법을 가르치라는 부탁을 받았다. 뒤 쿠드레 부인의 노력은 프랑스 인구를 증가시키는 데 기여했다.

나 폭동 주모자는 훨씬 가혹한 처벌을 받았다. 세 사람은 폭력행위를 한 혐의로 교수형을 당했다. 그러나 8월 3일 그레브 광장에서 처형이 집행될 때, 군중은 군인들이 총검으로 밀어낼 때까지 앞으로 행진하여 마지막으로 또 한 번 저항의지를 보여주었다. 어린이 실종사건에서 촉발된 폭동과 마찬가지로, 그것은 경찰과 고등법원과 왕의 막강한 힘에 대한 저항의 표시였다. 그 뒤 루이 15세와 퐁파두르 부인(이전보다 훨씬 큰 미움을 받고 있던)은 파리 거리를 걷는 것을 피했다.

### "얼마나 많은 아기가 유모의 부주의 때문에 죽거나 불구가 되었던가?"

니콜라 베리에는 왕의 뜻을 실행에 옮기면서 파리의 어린이를 감옥으로 보냈지만, 또 다른 신하는 프랑스 어린이들의 삶을 개선시키려고 했다. 왕의 공식적인 조산원이던 뒤 쿠드레 부인은 고향인 파리에서 멀리 떨어진 울퉁불퉁한 시골길을 달리고 있었다. 말 네 마리가 끄는 마차는 삐걱거리는 농부의 마차와 무거운 짐을 실은 당나귀, 가끔 일행의 발길을 멈추게 만드는 양떼를 지나치며 계속 앞으로 내달렸다. 흙먼지가 이는 길에는 사람들도 많이 지나다녔는데, 대부분은 유랑민이었다. 더이상 땅에서 나는 것으로 연명할 수 없게 된 수십만 명의 농민이 시골 지역을 이리저리 떠돌아다니며 먹을 것을 뒤지거나 물건을 훔쳤다.

뒤 쿠드레 부인은 그러한 것에 별로 신경을 쓰지 않았다. 올해 48세가 된 쿠드레 부인은 몸에 살집이 많아 흔들리는 마차의 요동에도 큰 충격을 받지 않았고, 울퉁불퉁한 시골길을 오래 여행하는 데에도 단련돼 있었으며, 무엇보다도 생각이 단순했다. 그녀에게는 꼭 해내야 하는 임무가 있었다. 프랑스 인구가 줄고 있다고 판단한 루이 15세는 유아 사망률을 감소시킴으로써 인구를 다시 늘리라는 임무를 그녀에게 부여했다. 그녀가 할 일은 시골 지역의 가난한 사람과 교육받지 못한 여성들에게 안전하게 아기를 낳을 수 있는 방법을 가르치는 것이었다. 1763년 늦봄에 그녀가 달려가고 있는 장소는 리무쟁 주(프랑스 중부에 있는 외딴 지방)의 주도인 리모주였다.

달리는 도중에 뒤 쿠드레 부인은 자신이 얼마나 크게 성장했는가를 돌아보았다. 그녀의 원래 이름은 앙젤리크 마르게리트 르 부르시에였는데, 자신의 출신배경을 솔직히 털어놓지 않아 그것은 늘 수수께끼로 남아 있었다. 그래서 그녀가 버려진 아이로 자란 것이 아닌가 하는 추측도 나돌았다. 역사기록만으로 볼 때, 그녀의 이야기는 1740년부터 시작된다. 그때 그녀는 파리에서 조산원으로 일하는 데 필요한 3년의 도제기간을 마치고, 외과대학에서 실시하는 자격시험에 합격했다. 그리고 나서 경찰이 교구 목사와 다른 참조 인물과 면담을 하면서 신원조회를 마칠 때까지 다섯 달 동안 기다렸다. 그 뒤 10년 동안 그녀는 도제들을 가르치는 한편, 매년 파리에서 100여 명의 아이를 받았다. 그러면서 영향력 있는 친구들도 사귀게 되었다.

그 친구들 중에 유력인사들과 연줄이 많던 외과의사이자 수사인 콤이 있었는데, 그는 그녀의 후원자가 되어주었다. 콤 덕분에 그녀의 인생은 크게 변했다. 1751년, 콤의 적극적인 추천 덕분에 그녀는 한 부유한 자선가에게 고용되어, 그의 영지인 오베르뉴 주에 살고 있던 농촌 여성들에게 출산의 기술을 가르쳤다.

이 남부지방에서 뒤 쿠드레 부인은 처음으로 프랑스 농촌지역의 열악한 삶을 경험했다. 대부분의 농부는 굶주림에 허덕였고, 멀건 죽에다가 가끔 텃밭에서 기른 채소나 숲에서 따온 밤이나 장과류를 넣은 것을 먹으며 연명하고 있었다. 고기는 구경도 할 수 없었다. 농부들은 고대 로마 인이 사용하던 것과 별반 다를 바 없는 원시적인 쟁기를 사용해 경작한 땅에서 나는 변변치 못한 소출로 근근히 살아갔다. 운이 나쁜 해에는 가축을 먹일 곡물을 충분히 얻지 못했고, 그러면 가축에게서 곡식 소출을 늘릴 퇴비를 충분히 얻지 못하는 악순환이 발생했다. 게다가 그렇게 해서 수확한 얼마 안 되는 곡식 중 상당 부분은 소작세나 세금으로 뜯겨나갔다.

그래서 농촌에서 아기의 탄생은 그렇게 환영받는 일이 아니었다. 그것은 먹여야 할 입이 하나 더 늘어났음을 의미할 뿐이었으며, 종종 그 부담은 가족의 기반을 뒤흔들어 가족을 길거리로 내몰곤 했다. 아이의 수를 줄이려고 농촌 여성들 사이에서는 결혼을 늦추는(20대 중반으로) 경향까지 생겨났다. 가임 기간이 줄어듦에 따라 한 가정당 출산되는 자녀의 수는 6명 정도로 줄어들었는데, 그중에서 어른이 될 때까지 살아남는 아이는 절반 미만이었다. 18세기에 프랑스에서 태어난 아이 중 최소한 45%는 10세 이전에 사망한 것으로 추정된다.

파리에서 온 조산원은 사람들의 무지가 사태를 악화시키고 있다는 사실을 알아챘다. 농촌에서 출산을 돕는 일은 경험은 많지만 제대로 교육받지 못한 기혼 여성에게 맡겨졌는데, 그들은 전통적인(가끔 비극적인 결과를 초래하는) 방법에 의존했다. '새로운 발을 만드는' 과정(출산과정을 그들은 이렇게 불렀다)에서 산모의 머리카락을 잘 손질하는 것(그들은 이것이 순산을 돕는다고 믿었다)을 위생이나 안전한 기술보다 우선시하곤 했다. 출산을 돕던 여성들은 더럽고 날카로운 손톱으로 아이의 눈을 멀게 하거나, 출산 직후의 유연한 아기 머리를 보기 좋은 모양으로 빚으려고 하다가 뇌손상을 초래하기도 했다. 아기가 금방 나오지 않으면, 산모에게 팔딱팔딱 뛰라고 시키기까지 했다. 일부 지역에서는 아기 머리가 나오면 산모더러 걸어다니라고 시켰는데, 그 결과 종종 아기가 목이 졸려 죽곤 했다.

오베르뉴 주에서 지방정부의 후원 아래 무료교육을 베풀게 된 뒤 쿠드레 부인은 〈조산술 요약〉을 출판했다. 이 책은 해부학 그림까지 곁들여 출산을

둘러싼 미신의 잔재를 떨어내고, 대신 출산과정을 해결해야 할 물리적인 문제로 정의한 실용적인 조산술 교과서였다. 그러나 농촌 여성들 중 글을 읽을 수 있는 사람이 얼마 없었으므로, 그 책은 결국 교육받은 식자층 사이에서 일종의 마케팅 도구로 전락하고 말았다. 신문들은 이 책에 대해 호의적인 평을 실었고, 의료계와 관료들 사이에서 뒤 쿠드레 부인의 명성이 높아졌다.

뒤 쿠드레 부인이 학습도구로 주로 사용한 것은 1756년에 출산과정을 재현하기 위해 발명한 산과용 마네킹이었다. 그 마네킹은 그녀의 강의를 '직접적인 감각을 통한 방법이 아닌 다른 방법으로는 사물을 이해하는 데 익숙지 않은 사람들이 쉽게 이해할 수 있도록' 도와주었다. 담황색 아마포와 부드러운 가죽과 속, 실제 사람의 뼈로 만들어진 유연한 마네킹은 실물 크기의 여자를 그대로 모방한 것으로, 자궁과 그밖의 장기도 편리하게 번호까지 매겨져 있었다. 그리고 탯줄에는 아기인형이 매달려 있었다. 학생들은 유연한 인형을 이리저리 움직이면서 가능한 모든 위치에서 나오도록 시도해봄으로써 모든 가능성에 대비할 수 있었다. 뒤 쿠드레 부인은 자신의 마네킹을 '기계'라고 불렀는데, 자동인형을 좋아하던 계몽시대의 유행을 반영한 이름이다.

뒤 쿠드레 부인이 오베르뉴 주에서 기계와 교과서를 가지고 농촌 여성들을 가르치던 시기는 왕이 인구감소를 염려하던 시기와 일치했다. 1759년, 프랑스는 7년전쟁의 와중에 있었고, 정부는 병사를 보충하는 문제에 혈안이 되어 있었다. 왕은 이 놀라운 조산원이 더 건강한 아기

1786년에 그린 이 그림에 묘사된 농촌 생활은 아늑한 정취를 불러일으킨다. 하지만 대부분의 프랑스 농부들은 늘 제대로 먹지도 못하고 가난하게 살았으며, 때로는 다음해에 심을 종자까지 먹어치울 수밖에 없는 극한 상황에 내몰리곤 했다

들을 탄생시키는 데 기여할 수 있으리라는 기대를 품고 유아사망률과의 전쟁에 나라 전체를 동원하는 칙허를 내렸다. 뒤 쿠드레 부인은 왕의 후원과 보호 아래 '어떤 이유로도, 어느 누구에게서도, 어떤 구실로도 방해를 받는 일 없이' 전국을 자유롭게 돌아다니면서 조산술 지식을 널리 전파할 수 있었다.

1763년 봄 리모주에 도착했을 때, 뒤 쿠드레 부인은 최고의 보증서를 가지고 왔다. 왕이 임명한 30명의 지방장관 중 한 명인 부르보네 주의 지방장관은 "그녀가 가져다준 무한한 선은 우리의 기대를 훨씬 넘어서는 것이었다"고 썼다. 여행 도중에 그녀는 뒤 쿠드레 부인이라는 이름을 사용하기 시작했는데, 귀족가문 출신의 기혼여성이라는 인상을 풍기는 이 이름은 남자들 사이에서 여행을 편하게 하기 위해 지은 것이었다.

그녀는 길에서 약 3년을 보내면서 하나의 틀을 만들었다. 한 차례의 교육기간은 두 달 동안으로 하고, 그 전후로 2주일씩 휴식기간을 두었다. 해당 지역에서 그녀에게 한 달에 300리브르를 지불하고, 마네킹도 하나에 300리브르씩 주고 여러 개를 구입했다. 강의는 대개 읍사무소에서 했다. 그리고 교통수단과 숙소, 난방용 장작, 양초, 가정용품 등도 제공받았다. 이 당시에는 아직 혼자서 돌아다녔지만, 나중에는 초청한 측에서 하녀와 요리사, 남자 하인을 포함해 최고 5명이나 되는 수행원을 위해 집을 제공해야 했다.

뒤 쿠드레 부인은 리모주에서 자신을 초청한 사람과 모든 면에서 죽이 잘 맞았다. 안 로베르 자크 튀르고는 리무쟁 주를 책임진 정력적인 지방장관이었는데, 가난한 사람들에 대한 뒤 쿠드레 부인의 인도적인 배려에 공감했다. 뒷날 프랑스의 재정총감 자리에 오르게 되는 36세의 개혁가, 튀르고는 자기가 다스리는 지방을 변화시키기 위해 최선을 다하고 있었다. 그는 도로와 다리를 보수하고, 가난한 사람들의 세금부담을 덜어주려고 노력했다. 그는 또한 그 지역에서 소출량이 미미한 곡물 대신 새로운 식용작물인 감자를 널리

## 조산술

아래 그림은 뒤 쿠드레 부인이 쓴 책 〈조산술 요약〉에 실려 있는 것이다. 뒤 쿠드레 부인은 이 그림들이 산과용 마네킹을 사용해 직접 보여준 '자신의 실습내용을 학생들이 잘 떠올리도록' 하는 데 도움이 되길 기대했다. 맨 위 그림은 골반의 해부학적 구조를 자궁 속에 들어 있는 태아와 함께 묘사했으며, 그 아래에는 거꾸로 선 아기를 올바르게 유도하는(왼쪽) 조산원의 손과 잘못 유도하는(오른쪽) 손을 묘사하고 있다.

이 책은 세 가지 목적을 겨냥하여 쓰여졌다. 그림들은 그녀가 조산술을 가르칠 젊은 문맹 여성들에게 도움을 주기 위한 것이고, 책에 적힌 명확한 지시는 그밖의 독자들에게 기존의 의학 교과서보다 더 실용적인 기술을 가르치기 위한 것이었다. 이 책은 또한 효과적인 마케팅 도구이기도 했는데, 뒤 쿠드레 부인이 해당 지역에서 가르침을 펼칠 수 있도록 지방장관에게 제시하는 입장권 역할을 톡톡히 했다.

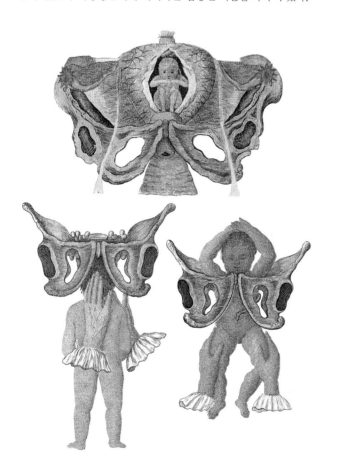

퍼뜨리려고 시도했지만, 보수적인 농부들의 저항에 부닥쳤다. 그는 절망하여 "리무쟁 주에서는 읽거나 쓸 줄 아는 농부가 극히 드물고, 지성이나 정직을 기대할 수 있는 사람도 찾기 힘들다. 이들은 아주 완고하여 자신에게 이익을 가져다줄 변화조차 거부한다"고 썼다.

리무주에서 강의를 들을 학생을 모집하는 일도 느릿느릿 진행되었다. 오래된 도시인 리모주에는 주민이 1만 4,000여 명 살았는데, 대부분 진흙벽집에서 살았다. 다른 지방에서와 마찬가지로, 학생으로 참여할 자격이 있는 젊은 여성 중 대다수는 교육을 받는 데 필요한 두 달의 짬을 낼 수 없었다. 지역사회나 교회가 그들이 교육받을 수 있도록 돕기 위해 돈을 지불했고, 주의력이 높고 젊은 학생 후보를 선정하는 일은 대개 목사가 담당했다. 그렇지만 가족들은 일손 하나가 그렇게 오랫동안 빠져나가는 것을 반기지 않았다. 농촌 가정에서 다 자란 여성은 거름 뿌리기와 쟁기질에서부터 물 나르기, 소젖 짜기, 요리, 바느질, 세탁, 아이 돌보기에 이르기까지 거의 모든 일에 꼭 필요한 일손이었기 때문이다.

뒤 쿠드레 부인과 튀르고는 리모주에서 학생의 참석률이 저조한 데 실망했다. 보통은 70~80명이 참석했는데, 리모주에서는 그에 훨씬 못 미쳤다. 튀르고는 교육과정을 제대로 홍보하지 못했다고 아랫사람들을 질책했다. 11월에 뒤 쿠드레 부인이 이웃 읍인 튈(리모주보다 더 작고, 보수성과 검약정신으로 악명 높던)로 옮겨갔을 때, 튀르고는 학생들에게 당근을 제시했다. 장차 조산원으로 일할 때 일체의 세금을 면제해주겠다고 약속한 것이다. 시골 사람들을 위해서뿐만 아니라 자신의 정치적 장래를 위해서도 그는 뒤 쿠드레 부인의 강의가 성공하길 원했다.

맨발로 교육을 받으러 온 농촌 여성들에게 그 강의는 놀라운 연극공연처럼 보였다. 마네킹과 해부학 포스터는 무대장치처럼 보였고, 이중 턱을 높이 쳐들고 강의를 하는 뒤 쿠드레 부인은 주연배우처럼 보였다. 전체 강의는 약 40일 동안 계속되는 내용으로 꾸며져 있었다. 뒤 쿠드레 부인은 학생들에게 재산 정도나 결혼 유무에 상관없이 모든 여성에게 봉사해야 한다며 조산원의 임무를 상기시키는 것으로 교육을 시작했다. 그러고 나서 기초적인 해부학과 생리학에 관한 실용적인 강의로 옮겨갔다. 당시의 의료 관행에 따라 과잉의 체액을 제거하기 위해 정기적으로 임신부의 팔과 다리, 목에서 피를 뽑아야 한다는 점을 강조했다. 그러고 나서 학생들에게 기계를 가지고 '상상 가능한 모든 분만'을 수행할 수 있도록 철저히 연습시켰다.

마지막에는 자기 편으로 끌어안아야 할 의학계, 교회, 국가가 듣기 좋아할 말을 하면서 강의를 마무리지었다. 뒤 쿠드레 부인은 의사를 불러야 하는 긴급상황을 설명하고 보여주기 위해 많은 노력을 기울였다. 그리고 세례의 필요성도 강조했다. 아기가 살아남을 것 같지 않을 때에는 조산원 자신이 세례식을 해야 한다고 했다. 아기가 건강할 경우에는 산모가 교회에 갈 만큼 몸이 회복되었을 때, 목사와 약속을 한 다음 전통적으로 사용되던 커다란 세례용 모슬린 천에 아기를 싸서 교회로 데리고 가라고 가르쳤다.

또 뒤 쿠드레 부인은 국가에 대한 자신의 의무와 프랑스 인구를 늘리는 데 기여해야 한다는 임무를 의식하여, 유모가 필요할 경우 그 선택에 신중을 기하라고 주의를 주었다. 많은 유모들이 단지 가난해서 돈을 벌기 위해 그 일

# | 환자를 치료하다 |

"의술은 모든 사람이 원하는 상품이다." 1740년대의 한 프랑스 의사는 이렇게 말했다. 그 당시 신문에 광고되던 아주 다양한 건강증진 약품, 가루약, 기구, 치료법 등으로 판단한다면, 그의 말은 옳다. 건강을 유지하는 비법은 파리에서 크게 유행했다. 부자들은 '건강에 좋은'이라는 이름이 붙은 상품이면 무엇이든 사려고 했다. 한편, 나라에서는 질병의 존재를 알려주는 것으로 간주되던 악취를 제거하고, 도시의 식수공급을 개선하는 등 여러 보건정책을 추진했다.

예방의학에 대해 이렇게 대중의 관심의 관심이 높아진 것은 사람의 노력으로 건강을 개선시킬 수 있다는 자신감이 반영된 것이었다. 실제로 18세기에는 천연두를 예방하기 위한 백신 접종법이 개발되었다. 그러나 아직도 질병뿐만 아니라 치료법마저도 환자의 목숨을 쉽게 빼앗아가던 시대였기 때문에, 제대로 교육받지 못한 사람도 건강을 유지하는 게 얼마나 중요

한지 알았다. 18세기에도 치료법은 초보적인 수준에 머물러 있었다. 발진티푸스가 되었든 통풍이 되었든, 최선의 처방은 피를 뽑아내거나 관장을 하여 몸 속의 독소를 제거하고, 잠이나 운동, 신선한 공기, 건강에 좋은 음식을 통해 몸이 스스로 치유하도록 하는 것이었다. 의사들은 건강을 회복하려면 공기가 더 깨끗한 시골이나 천연온천으로 가라고 권유했다.

내과의사는 일반적인 질병치료를 책임진 반면, 뼈를 맞추고 상처를 돌보는 일은 외과의사가 맡았다. 비록 아직도 '이발사의 기술'로 불리긴 했지만, 18세기의 프랑스에서 외과의사는 점점 명성이 높아졌고, 유럽 전역에서 최고의 솜씨를 자랑했다. 그러나 수술은 아직도 미천한 일로 여겨졌고, 외과의사들은 훈련도 제대로 받지 않은 상태에서 개업했고, 이발사에서 시작해 외과의사가 되는 경우도 많았다. 외과의사는 종기를 절개하고, 감염된 상처를 처치하고, 이를 뽑고, 난산을 돌보

환자 가족들이 주변을 서성거리는 가운데 의사가 소변검사로 젊은 여성의 질병을 진단하고 있다.

고, 팔다리를 잘라내는 일 등을 했는데, 마취제나 소독약도 없이 이 모든 일을 했다. 디드로의 〈백과전서〉에서 환자들에게 수술을 최후의 수단으로 여기라고 경고한 것은 충분히 일리 있는 말이다.

정통의학 대신 민간요법도 많이 사용되었다. 점점 과학적 체계가 잡혀가면서 정통 수련과정을 거친 의사들은 민간요법이나 그러한 방법을 사용하는 사람을 경멸했다. 1779년에 한 의사는 "이곳 읍과 시골 지역에는 침대맡에서 환자를 돌보는 늙은 간병인이 수두룩하다. 이들은 고기 수프를 좀 끓일 줄 알기 때문에 의술도 시술할 수 있다고 생각한다……. 독과 칼날과 단도도 이들의 치료법에 비하면 덜 위험하다"고 불만을 털어놓았다. 그러나 보통 사람들은 꼭 그렇게 생각하지 않았다. 정식 수련과정을 거친 의사는 큰 도시에만 있었고, 그나마 그들은 부자들만 상대했다. 그러니 보통 사람들은 필요할 때 제대로 된(그리고 아주 비싼) 의사보다는 약초를 사용하는 사람이나 민간요법을 시술하는 사람에게 의존하는 경우가 많았다.

관장을 하기 위해 의사가 무시무시해 보이는 주사기를 들고서 침대에 누워 있는 환자에게 다가가고 있다.

피를 뽑기 위해 팔을 내밀고 있는 여성. 오염된 피를 몸에서 뽑아내면 치료에 도움이 된다는 생각에서 의사들은 '정맥에 숨 불어넣기'라고 부르던 사혈을 많이 사용했다.

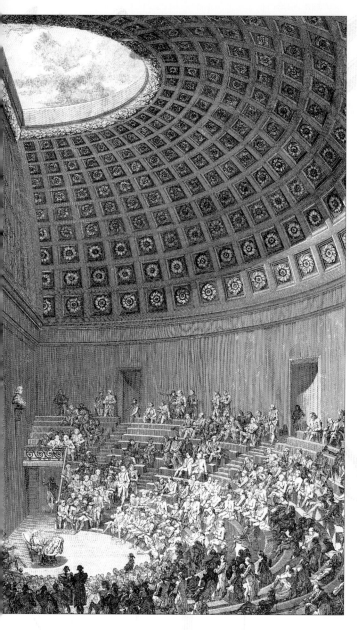

파리 외과대학의 해부학 강의에 참석한 학생들이
시체에 시선을 집중하고 있다.

에 나섰을 뿐이며, 영양과 위생 상태가 나쁜 경우가 많다고 지적했다. 그중 많은 사람들은 아무 생각 없이 아기를 침대로 데려가 젖을 먹이다가 질식해 죽게 만들었다. "얼마나 많은 아기가 유모의 부주의 때문에 죽거나 불구가 되었던가? 국가가 그렇게 많은 국민을 잃는 것은 실로 유감스러운 일이다"라고 그녀는 웅변적으로 말했다. 그리고 '이 값비싼 보물들'을 구함으로써 자신의 학생들이 국가를 부강하게 할 수 있다고 말했다.

그뒤 튀르고는 뒤 쿠드레 부인을 높이 칭송했다. 그렇지만 그는 그녀의 오만한 태도에 놀랐다는 사실도 시인했다. 그는 보르도 주의 지방장관에게 쓴 편지에서 그녀의 연구가 '아주 유용하며' 강의에 소요된 비용은 '아주 잘 사용되었다'고 말했다. 그렇지만 '스스로를 너무 대단하게 여기는 태도'도 지적했다. 다른 지방관리는 '참아주기 힘든 그녀의 오만'이라고 좀더 노골적으로 표현했다.

공직에 있는 남자들이 자신의 능력과 가치를 노골적으로 내세우는 유능하고 강한 여자에 익숙하지 않다는 점도 그러한 문제가 불거져나온 하나의 원인이었다. 그러나 뒤 쿠드레 부인은 자신의 소명이 '인류의 행복'이며, 자신의 교과서와 마네킹은 '후손에게 수백 년 동안 기념비적인 업적'이 될 것이라고 거리낌없이 주장했다. 그녀는 베르사유에서 일어나는 정책변화나 인물교체 속에서도 자신의 특별한 임무를 계속 수행하기 위해서는 뻔뻔스러울 정도로 적극적인 태도를 취해야 한다고 생각했다. 훌륭한 선생이 되는 것만으로는 부족했다. 자신이 가는 곳마다에서 지방장관으로부터 열광적인 지지를 받아야 하고, 자신이 하는 일이 아주 특별한 것임을 기회 있을 때마다 모두에게 상기시켜야 했다. 그녀는 "나의 열정이 나아갈 길을 가리켜주었다"고 썼다.

그래도 뒤 쿠드레 부인은 자신을 기존 의학계의 침범자로 간주할지도 모를 의사들에게 잘 보이기 위해 애썼다. 그녀는 '의사 역할을 하는 것으로' 보이지 않도록 노력했다. 속내야 어떻든 간에, 그녀는 큰 논란을 일으켰던 영국 조산원인 엘리자베스 니헬이 취한 반남성적인 언동을 피했다. 뒤 쿠드레 부인처럼 니헬도 파리에서 교육을 받고, 조산술에 관한 책도 한 권 썼다. 그러나 니헬의 책은 신생아 분만을 담당하는 남자 외과의사들을 통렬하게 공격하는 내용으로 가득 차 있었다. 그 일을 하는 데에는 '더 부드러운 감성'을 지닌 여성이 훨씬 낫다고 그녀는 주장했다.

뒤 쿠드레 부인을 비롯해 프랑스의 조산원들은 외과의사와 내과의사로부터 양면 공격을 받았다. 18세기 초만 해도 외과의사는 이발사나 가발 제조업자와 같은 부류의 직업으로 간주되었다(외과의사는 심지어 면도도 해주었다). 그러나 외과의사들은 왕의 후원을 받으며 명성이 높아졌는데, 그들의 경쟁자인 내과의사들은 이에 몹시 배가 아팠다. 이제 외과의사는 내과의사뿐만 아니라 조산원의 영역까지 침범하고 있었다. 이들의 입김 때문에 조산원은 독립적인 길드를 만들 수 없었고, 산과학의 최신 기술과 도구를 이용하는 것도 금지되었다.

리무쟁 주에서 강의를 한 지 3년 뒤인 1766년, 뒤 쿠드레 부인은 프랑스 해군의 외과의사들에게 산과학을 가르쳐달라는 초청을 받고 우쭐했을 것이다. 해군의 외과의사들 중에는 식민지에 파견될 사람들도 있었는데, 거기서는 산과학도 담당해야 했다. 그녀는 대서양 해안에서 중요한 항구인 로슈포르에서 해군 외과의사들에게 강의를 했다. 여기서 그녀는 제왕절개와 겸자의 중요성을 강조했는데, 이것들은 조산원은 사용이 금지돼 있던 기술과 도구였다. 외과의사들에게 시연 모습을 좀더 생생히 보여주기 위해 그녀는 마네킹에 선명한 빨간색 액체를 머금은 스펀지까지 부착했다. 이것은 혈액과 양수의 작용을 보여주기 위한 것이었다. 학생 중 11명은 그녀의 지식과 강의 방법에 너무나도 감동한 나머지 "모든 곳에서 그녀에게 쏟아진 찬사가 결코 빈말이 아니었다"는 내용의 공식적인 감사장을 작성했다.

해군 외과의사들 앞에서 강의한 것은 뒤 쿠드레 부인에게는 최고의 순간이었으나, 수지맞는 장사는 아니었다. 강의료에 교재와 마네킹 판매에서 얻은 수익을 더해도 그럭저럭 살아갈 정도밖에 되지 않았다. 그녀는 오래 전부터 왕에게서 급료(곧 정부가 지급하는 봉급)를 받길 원했지만 늘 좌절만 맛보았다. 정부측에서는 각 지방에서 기금을 조성해 그녀에게 봉급을 주라고 제안했지만, 지방정부들이 왕의 권위에 도전하는 바람에 이 계획은 수포로 돌아가고 말았다.

그러다가 1767년 8월, 뒤 쿠드레 부인에게 새로운 칙허가 내려왔다. "짐은 뒤 쿠드레 부인이 왕국 내 어디서건 공개강의를 하는 한, 매년 8,000리브르를 지급할 것을 명한다." 퇴직 연금(나중에 역시 8,000리브르로 증액된다) 역시 지불하게끔 명시돼 있었다. 67세가 된 1780년대 초에 프랑스 전역을 돌아다니는 여행을 중단할 때까지 뒤 쿠드레 부인은 40곳 이상의 도시에서 강의를 했고, 1만 명 이상의 학생을 가르쳤다. 공중보건 향상과 농산물 생산 증가, 계몽시대에 살았던 이 놀라운 여성의 재주와 집념 덕분에 프랑스 인구는 더 이상 줄지 않았다.

1760년대 초 뒤 쿠드레 부인이 프랑스 농촌지역에서 임무를 수행하고 있을 때, 그녀는 프랑스 전역을 돌아다니고 있던 또 한 사람의 파리 사람을 지나쳤을지도 모른다. 나이가 뒤 쿠드레 부인의 절반밖에 안 되는 자크 루이 메네트라는 고상한 지위나 인류를 구한다는 명분을 내세우며 잘난 체하지 않았다. 그는 역마차를 타고 우아하게 여행하는 대신, 자신만만하고 씩씩한 걸음걸이로 마을에서 마을로 걸어다니며 유리직공 일을 했다. 그는 소매 없는 가죽제 윗옷과 가죽 바지를 입고, 가슴까지 돌돌 말아올린 앞치마를 탄약대처럼 만들어 강도와 늑대의 공격에 대비해 지니고 다니던 권총을 가렸다. 등

이곳 목공작업장에서 만들어진 창틀은 유리직공에게 보내지고, 거기서 유리창을 끼운다. 18세기 초가 되자 천과 유지를 사용한 창문은 유리창에 의해 밀려났다. 유리창은 건물의 조명과 난방 효율을 크게 높여주었다.

뒤로 멘 가방에는 그의 모든 소유물이 들어 있었는데, 그중에서도 망치, 못, 다이아몬드 유리 자르개가 가장 중요한 물건이었다.

"그녀의 주관심사는 출세였지만,
나는 인생을 즐기는 데 더 관심을 쏟았다."

메네트라는 프랑스 순회여행 중이었는데, 이것은 젊은 장인이 반드시 거쳐야 하는 전통적인 통과의례였다. 그래서 기술을 연마하고 길드에서 마스터 지위를 얻기 위해 유리직공에서부터 목수, 구두 수선공, 자물쇠 수리공에 이르기까지 온갖 종류의 장인들이 프랑스 전역을 몇 년 동안 순회하고 있었다. 메네트라는 주로 프랑스 남부지역을 7년에 걸쳐 약 2,600km를 도보 여행했는데, 일거리도 많고 놀기도 좋은 도시에서 더 오래 머물곤 했다. 지방에서 그를 고용한 마스터 유리직공의 감독 아래 그는 전통적인 작은 유리창틀뿐만 아니라, 막 유행하고 있던 커다란 유리창틀을 설치하는 법을 배웠다. 그는 가로등의 랜턴을 설치했고, 왕의 배에 유리를 끼워넣었으며, 수도원과 성의 우아한 스테인드 글라스 창문을 수리했다.

그러나 큰뜻을 품은 이 젊은이가 프랑스 순회여행에 나선 것은 단지 일을 배우기 위해서뿐만 아니라 살아가는 법을 배우기 위해서였다. 메네트라 같은 젊은이들이 여행에 나서는 것은 집에서 벗어나 청소년기에서 자기 인생을 책임지는 어른으로 이행하는 과정이었다. 자유로운 정신을 가진 친구들 사이에서도 메네트라는 좀 튀는 존재였다. 키는 작은 편이었지만, 노는 것(술을 마시고, 친구들과 농담을 하고, 여자를 유혹하는 등)을 아주 즐겼다. 그는 순회여행에 나선 기간을 '쾌락의 세월'이라고 불렀고, '한해 한해가 행복의 세기였다'고 말했다.

경제학자이자 개혁가,
행정가, 정치가였던
안 로베르 자크 튀르고는
성직자가 될 운명이었지만,
공직에 나가기로 결심하고
왕 밑에서 일하게 되었다.
리무쟁 주에서 지방장관으로
일한 13년 동안 그는 도로
(오른쪽 그림에서 자갈을
간 도로와 비슷한)를
640km 이상 건설하고,
낙후된 농촌의 농사법을
근대화하려고 노력했다.

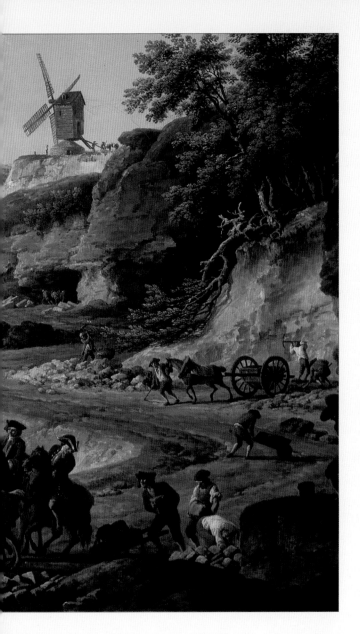

## | 루이의 급진적인 개혁가 |

　프랑스 왕은 기존질서의 수호자였지만, 때로는 개혁적 조처를 실행에 옮기기도 했다. 신하를 임명할 때에는 종종 소수의 이익보다는 공익을 우선시하는 진보적이고 자유사상을 지닌 사람들을 뽑았다. 그러한 신하 중에 가장 계몽적인 사상을 지닌 사람이 안 로베르 자크 튀르고였다.

　튀르고는 리무쟁 주 지방장관으로 일할 때 두각을 나타냈다. 철학자들은 그가 도입한 근대적 방법들에 감탄하여, 오직 그만이 프랑스의 정치적·경제적 불안을 해결할 수 있다고 믿었다. 이들의 로비가 효과가 있었던지 튀르고는 1774년에 새로 왕위에 오른 루이 16세의 재정총감으로 임명되었다.

　재정총감이 된 튀르고는 농부를 강제로 노역에 동원하는 부역제도를 폐지하고, 곡물거래에 자유거래 제도를 확립했다. 그는 또 개신교도에게 종교적 관용을 허용하는 새로운 민법을 제안했고, 성직자에게도 세금을 부과하려고 시도했으며, 지방자치제를 위한 방안을 개발했다. 그러나 튀르고의 열정만으로는 기득권 세력을 움직일 수 없었고, 그의 이름으로 프랑스를 변화시키고자 한 루이 16세의 목숨도 구할 수 없었다.

당시의 대다수 프랑스 장인과 마찬가지로 메네트라도 가업을 이어받았다. 태어날 때부터 유모에게 맡겨진 그는 두 돌이 되기도 전에 어머니를 잃었다. 그뒤 새로 유모가 된 사람이 메네트라를 자신의 양자와 마찬가지로 교회 밖에서 구걸시키는 걸 외할머니가 보고는 메네트라를 데려다 직접 키웠다. 메네트라는 아버지와 외삼촌들 밑에서 도제생활을 했는데, 그들은 모두 유리직공이었다. 아버지와의 관계는 복잡하고 험악했다. 아버지는 메네트라가 11세이던 1750년, 경찰이 어린이를 납치해가던 시절에 하교하는 아이들을 데리러 가는 부모 대열에 동참할 정도로 자식을 생각했다. 그러나 그는 술에 취해 심한 주정을 부리곤 했다. 한번은 아들의 다리를 탈골시킨 적도 있고, 또 한번은 턱뼈를 부러뜨리고 이빨을 빠지게 했다.

그래서 메네트라는 집을 떠나는 것이 기뻤다. 1757년 3월, 18세가 된 메네트라는 4년간의 도제생활을 끝내고 직인이 되어 순회여행에 나섰다. 직인은 최소한 6년 동안 실무를 거쳐야 마스터 유리직공이 될 수 있는 지위였다. 같은 시기에 여행에 나선 다른 직인들도 수백 명이나 있었는데, 사실상 이들 모두는 동업조합에 소속돼 있었다. 전국 규모의 이러한 조합은 세 개가 있었는데, 다양한 직종의 길드 마스터 권력으로부터 노동자의 이익을 보호하기 위해 16세기에 설립되었다. 처음에는 은밀히 활동했지만, 18세기에는 더이상 그럴 필요가 없었고, 각각의 조합은 각자 나름의 비밀의식이 있었으며 자부심이 아주 강했다.

메네트라는 여행에 나선 지 1년 뒤인 1758년 조합에 가입했다. 입회의식에는 그 조직의 규약을 베껴 적고, 읍에 도착하는 모든 조합원의 명단을 작성하는 것도 포함돼 있었다. 이러한 절차는 조합원들의 문자 해독률이 상당히 높았다는 사실을 말해준다. 메네트라는 파리에서 자랐기 때문에 학교를 다녔다. 그렇지만 파리의 여자 어린이는 학교에 다닐 기회가 적었고, 지방의 경우에는 남녀 어린이 모두 기회가 적었다. 여행에 나선 뒤 메네트라는 외할머니에게 편지를 썼고, 필요한 상업적 연락도 주고받았으며, 신문과 책도 읽었다. 더욱 놀라운 것은 뒷날 그가 500쪽에 이르는 자서전, 〈나의 일대기〉를 썼다는 사실이다.

동업조합은 메네트라의 대리가족이 되었다. 도시마다에서 조합원은 '어머니'라고 부르는 여성이 운영하는 여인숙에 묵을 수 있었다. '아버지'라 불리던 남편과 함께 '어머니'는 조합원에게 일자리에 대한 정보를 알려주고, 필요할 경우 선금도 주었다. 같은 조합원 형제끼리는 함께 어울려 놀았으며, 때로는 함께 싸우기도 했다. 경쟁관계에 있는 조합원끼리 가끔 주먹과 돌멩이와 막대기까지 동원해 격렬한 싸움이 벌어지곤 했다. 대개는 춤을 추거나 경주를 하거나 테니스를 치고 놀았다. 그들은 매일 밤 여인숙에 모여 먹고 마시고 노래를 부르고 장난을 치고 이야기를(때로는 여자를) 함께 나누며 형제애를 표시했다. 같은 조합원이 아프면, 병원으로 데려다 주었다. 감옥에 가는 조합원이 있으면, 감옥에 찾아가 경제적 도움을 주었다. 마을을 떠날 때면 호위대를 조직하여 마을 어귀까지 음악과 함께 의식적인 행렬을 지어 전송해주었다.

메네트라는 목소리가 좋았고, 성가 학교에서 배운 노래들을 잘 기억하고 있었으며, 즉흥적으로 가락을 붙이는 재주도 있었다. 하루 저녁은 카르팡트라 시의 남동부 지역에서 포도주를 마시다가 그 도시에 관한 노래를 만들었다. 다음날 모든 동료가 일을 끝내고 돌아와 거리로 나갔다. "바이올린과 오보에도 가지고 왔고, 모두 손에 포도주병과 잔을 들고 있었다"고 메네트라는 회상했다. 그들 앞에는 자물쇠 수리공 직인이 섰는데, 그의 등에는 분필로 쓴 큰 노랫말이 적혀 있었다. 메네트라는 "우리는 그 노래를 부르고 또 불렀다. 주민들도 흥겨워하며 우리 뒤를 따라 도시 전체를 행진했다"고 〈나의 일대기〉에서 회고했다.

메네트라는 동료들에 의해 1년 임기의 '최고동업자'로 선출된 뒤 세 도시에서 동업조합의 오락과 진지한 일을 주관했다. 조합원들의 사교를 위한 시기는 해마다 유리직공의 수호 성인 축일을 기념하는 행사 때 절정에 이르렀다. 리옹에서 1762년 10월 18일, 성 누가 축제를 위해 메네트라가 계획한 행사는 그의 인생에서 최고의 순간 중 하나였다. 최고동업자인 그는 주민들이 한번도 구경하지 못한 1주일 동안의 축제행사를 준비했다. 준비과정에서 동료 조합원들은 모든 마스터 유리직공들이 자신의 가게를 꽃으로 장식했는지 확인하기 위해 메네트라를 가마에 태우고 돌아다녔다. 한 가게에 들를 때마다 메네트라와 동료들은 제공된 음식을 받아먹었는데, 하도 많이 먹은 나머지 그의 '말들'이 비틀거리다가 최고동업자를 땅바닥에다 내동댕이치고 말았다.

축제의 하이라이트는 무도회, 연회, 성당에서 거행되는 특별미사였다. 그러나 메네트라가 가장 자랑스럽게 여기는 순간은 행진 중에 일어났다. 특별히 구운 성찬식용 빵을 도제 네 명이 들고 갔다. 그들은 회색 상의에 흰 장갑

1742년에 출판된 〈파리의 외침〉에 실린 이 인물들은 거리에서 물건을 파는 많은 상인들을 묘사한 것이다. 어떤 사람은 "동시에 이 다양한 목소리들이 울릴 때 그 소리와 어조를 묘사하는 것은 불가능하다"고 말했다.

"복권 사세요!"

"장작 사세요!"

"오르간 연주 들려드려요."

"쥐 잡아요!"

"풍차 사세요!"

과 스타킹을 착용했다. 머리카락은 돌돌 말고 하얀 리본으로 장식했다. 각자는 지팡이와 꽃다발을 들고 있었다. "두 줄로 행진하는 우리를 보러 온 리옹 사람들이 나왔다. 나는 세 번째 단춧구멍에 리본 두 개를 단 채 행렬의 선두에 섰다."

이 사치스러운 축제는 자신이 가진 것을 기꺼이 나누어주고 한 푼도 남기지 않고 다 쓰려는 젊은 조합원들의 낭비벽을 잘 드러냈다. 축제 소요경비를 지원하기 위해 그들은 300일치 급료를 기부했다(그중 1/3은 메네트라 혼자서 냈다). 그 축제는 조합원 간의 끈끈한 형제애도 보여주었다. 메네트라는 동료 유리직공들에게 "친구들이여, 오늘 우리는 모두 동지가 되어 하나된 마음으로 행진합니다"라고 말하며 건배를 외쳤다. 그러면서 뒷날 프랑스 혁명에 불을 당길 형제애 정신을 뿌리고 있었다.

조합원들의 나쁜 품행은 낭비뿐만이 아니었다. 많은 젊은이들에게 순회여행은 자유롭게 바람을 피울 수 있는 기회였다. 메네트라의 〈나의 일대기〉에

"빗자루 팝니다!"

"랜턴 팔아요!"

"커피 드세요!"

실린 명단으로 보건대, 그는 10년도 안 되는 기간에 50여 명의 여자와 성관계를 가진 것으로 보인다. 이것은 매춘부와 가진 잠깐 동안의 관계는 포함시키지 않은 것이다. 이러한 관계들은 그의 글에서 "우리는 큐피드에게 제물을 바쳤다"는 등의 완곡한 표현으로 나타난다. 과부, 유부녀, 하인, 심지어는 수녀 두 명('아기 예수의 두 신부'로 표현했다)하고도 가진 관계를 언급하고 있다. 결혼을 해서 정착하거나 자기 행동에 책임질 준비가 전혀 되어 있지 않았던 메네트라는 여자가 어떤 요구를 하거나 '부풀어오른 페티코트'를 보여주면 미련 없이 떠났다.

메네트라와 그의 동료들은 특히 자신을 고용한 마스터의 아내와 바람피우는 걸 좋아했다. 메네트라는 툴루즈 근처의 오슈에서 일어난 익살스러운 이야기를 들려준다. 거기서 그는 성당의 유리창 그림을 다루고 있었다. 그는 마스터의 아내에게 매독을 옮겼고, 그 아내는 다시 마스터에게 그 병을 옮겼는데, 마스터는 자신이 고용한 메네트라에게 상의를 했다. 메네트라가 민간요법을 많이 안다고 소문이 나 있었기 때문이다. 메네트라는 '옥수수에 대한 처방'을 가르쳐주었다(그는 매독을 가끔 옥수수라고 불렀다). 아마도 수은을 바탕으로 한 약이었던 듯한데, 어쨌든 그 민간요법으로 세 사람은 모두 완쾌되었고, 메네트라는 전혀 의심하지 않는 마스터와 좋은 관계로 헤어졌다.

〈나의 일대기〉는 오늘날의 독자가 보기에는 메네트라의 비뚤어지고 잔인한 감성도 눈에 띈다. 예를 들면, 그가 관계 맺은 모든 여성이 다 동의하에 관계를 맺은 것은 아니었다. 그는 무심코 여러 차례 강간도 했음을 인정했다. 그와 동료들은 종종 다른 사람에게 고통을 주는 것도 즐겼다. 리옹에서 한 관리가 그 도시의 모든 곱사등이들을 어느 집에 불러모았을 때, 그들은 조롱의 대상이 되었는데, 메네트라는 그것을 '재미있는 광대극'이라고 생각했다. 유대 인을 엄격하게 게토에 격리시켜 살아가게 하던 카르팡트라에서 메네트라와 그의 친구들은 '멋진 닭 두 마리'를 훔쳤다. 그들은 그 도시의 법에 따라 유대 인은 자기 종교의 상징인 노란 모자를 써야 하는데, 그 유대 인은 쓰고 있지 않았다는 이유로 자신들의 행동을 정당화했다. 바욘에서 매춘부들을 철제 우리에 가둬 물 속에 집어넣었다 꺼냈다 하는 것을 본 메네트라는 마구 웃고 나서는 그들에게 "이곳 매춘부들은 몸을 깨끗이 하길 원치 않느냐?"고 물었다.

그렇게 잔인하고 무심한 태도는 폭력과 죽음이 난무하던 세상에서는 일상적인 생활태도였는지도 모른다. 메네트라와 그의 동료들은 어린 시절부터 삶의 어두운 면을 경험하면서 자랐고, 그가 아는 사람 중에 죽은 사람의 수는 그가 유혹한 여성의 수만큼이나 많았다. 한 친구는 강에 빠져 익사했다. 메네트라의 사촌은 권총을 가지고 놀다가 사고로 하녀를 죽였다. 한 동료는 술에 취해 독이 든 병을 브랜디로 착각하고 마셨다가 죽었다. 여인숙에서 같은 방을 쓰던 동료는 한밤중에 일어났다가 시체에 발이 걸려 넘어졌다. 말싸움은 거의 항상 폭력으로 해결되곤 했다. 개인적인 모욕이나 여자를 둘러싼 다툼이나 심한 장난은 주먹다툼으로 비화되곤 했고, 때로는 칼을 빌려와 결투까지 벌이곤 했다.


1764년 여름, 파리로 돌아온 메네트라는 길에서 보낸 지난 7년 동안 몸에 익은 자유로운 이동과 모험적인 생활방식을 그대로 따르려고 했다. 자기 가게에서 일하라는 아버지의 제의를 거부한 그는 2년도 안 되는 기간에 자신을 고용한 주인과 집 주소를 여섯 차례나 바꾸었다. 그는 술을 실컷 마시고, 말다툼을 벌이고, 여자를 밝혔으며, 갱게트(guinguette)라 부르는 노천 카페에서 춤을 추었다. 그는 불법인 불꽃놀이용 화약에 오래 전부터 큰 관심을 가졌고, 그 바람에 여러 친구의 눈을 멀게 하거나 다치게 했는데, 의용 소방대원으로 일하면서 불꽃놀이를 여러 차례 했다. 유리직공 중에서 의용 소방대원이 된 사람은 그가 처음이었다. 다른 대원들은 주로 소액의 급료를 받는 구두 수선

공, 구두 제조공, 마구 제조공 등이었다. 때로는 위험을 무릅쓴 그의 행동이 좋은 결과를 가져오기도 했다. 하루는 불타는 건물 속으로 뛰어들었다가 연기 자욱한 다락방에서 잠들어 있는 모자를 발견하고는 밧줄을 타고 가서 그들을 무사히 구출했다.

1765년, 마침내 메네트라도 정착했다. 결혼을 했고, 1,000리브르를 지불하고 마스터 자격증을 얻은 뒤 아버지 가게에서 멀지 않은 곳에 자기 가게를 열었다. 그때 만 27세가 거의 다 되었는데, 그것은 당시 프랑스 남자의 평균적인 결혼 적령기였다. 신부인 마리 엘리자베트 에냉은 피카르디의 양털 빗질하는 사람의 딸이었으므로, 엄밀히 따지면 메네트라보다 사회적 신분이 낮았다. 아내가 시집 올 때 1,000리브르를 지참금으로 가지고 와 메네트라 부부는 프티트 부르주아지의 반열에 합류할 수 있었다. 두 사람 사이에는 네 자녀가 태어났는데, 유모에게서 젖을 뗄 때까지 살아남은 아기는 두 명(아들 하나, 딸 하나)뿐이었다. 메네트라는 자기 아버지와는 달리 아이들의 교육을 감독할 뿐만 아니라, 산책이나 콘서트에도 함께 데리고 가는 등 헌신적인 아버지 역할을 했다. 아들은 커서 유리직공이 되었고, 딸은 빵 만드는 사람과 결혼했다가 1792년에 법이 개정되어 이혼이 가능해지자 이혼했다.

메네트라는 한동안 충실한 남편이기도 했다. 그가 아내를 얼마나 사랑했는지를 보여주는 일화가 있다. 결혼 5년째 되던 해인 1770년 5월, 왕의 손자(장래의 루이 16세)와 마리 앙투아네트의 결혼식을 축하하기 위해 파리 시는 센강 근처에서 화려한 불꽃놀이를 펼쳤다. 그런데 구경꾼이 너무 많이 몰려드는 바람에 많은 사람들이 루이 15세 광장에 갇히면서 서로 밀고 당기고 난장판이 벌어졌다. 그것은 결국 폭동으로 이어졌고, 132명이 사망하는 그 북새통에 메네트라는 아내를 잃어버리고 말았다.

"생오노레 가 끝에서 사람들이 아내와 비슷한 옷을 입은 여자를 들고 가는 게 보였다. 나는 잠시 머뭇거렸다. 자세히 보니 아내가 아니었다. 나는 집으

1680년 루이 14세가 창립한 극단 코메디 프랑세즈의 배우들이 희극을 공연하고 있다.
희극은 18세기에 가장 인기 있던 장르로 비극과 쌍벽을 이루었다.

## | 매력적인 프랑스 극장 |

18세기의 파리지앵은 극장에 열광했고, 코메디 프랑세즈, 테아트르 이탈리앙, 오페라 코미크로 몰려갔다. 그러나 극작가에게는 실망스럽게도 귀족들은 개인석에서 사교활동에 더 열을 올렸다. 그렇지만 1층의 무대 앞 관람석에는 많은 부르주아 관객이 서서 연극을 관람했다. 실제로 극작가는 무대 앞 관람석을 염두에 두고 작품을 썼고, 때로는 처음 공연할 때 그곳에 친구들을 배치하기까지 했다. 공연의 운명은 바로 무대 앞 관람석의 반응으로 결정되곤 했기 때문이다.

볼테르는 극장을 작가의 경력에서 가장 매력적인 곳이라고 생각했다. "언젠가 영광을 차지할 곳은 바로 그곳이다"라고 그는 말했다. 배우들도 영광을 함께 나눌 수 있었지만, 명성을 얻으려면 값비싼 대가를 치러야 했다. 교회는 극장을 비도덕적이라고 비난했고, 무대에서 살아가는 사람들을 모두 파문했다. 파문당한 배우들은 합법적으로 결혼을 할 수도 없고, 아이도 가질 수 없고, 신성한 장소에 묻힐 수도 없었다. 볼테르는 배우들에 대한 사회의 위선적인 대우를 비난했다. "우리는 그들과 함께 살아가는 것을 즐기면서 그들과 함께 묻히길 거부한다. 우리는 그들을 식탁에 함께 앉게 하면서 우리 묘지에 그들이 접근하지 못하게 한다"고 꼬집었다.

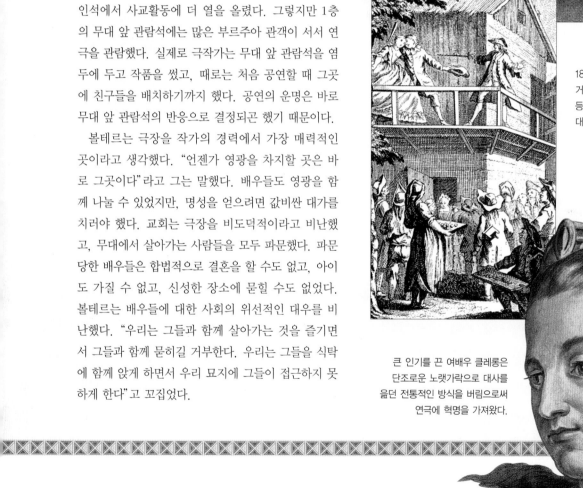

한 여배우가 개인석에서 후원자에게 인사를 하고 있다. 극장에서 부자의 개인석은 종종 연인끼리 밀회를 즐기는 장소로 사용되었다.

18세기 프랑스에서는 거리나 장터, 술집 등에서 공연을 펼치는 대안극장도 유행했다.

큰 인기를 끈 여배우 클레롱은 단조로운 노랫가락으로 대사를 읊던 전통적인 방식을 버림으로써 연극에 혁명을 가져왔다.

로 돌아갔다. 집에는 아무도 없었고, 나는 큰 불안에 휩싸였다"고 그는 기록했다. 이웃 사람들이 맨발로 돌아오는 게 보였다. "몇몇 여성은 귀가 떨어져나가기도 했다⋯⋯. 그러다가 마침내 아내가 무사히 돌아왔고, 우리는 서로를 부둥켜안고 프랑스의 불행을 예고하는 듯한 이 재앙적인 결혼 기념행사를 생각하며 그저 엉엉 울기만 했다."

파리가 점점 커짐에 따라 메네트라의 사업도 번창했다. 아내는 비록 글을 읽고 쓸 줄 몰랐지만, 능률적이고 알뜰한 관리자였다. 그들은 가까운 곳에 또 하나의 가게를 열었고, 메네트라가 디자인한 '조그마한 유리제품'을 만들어 팔았다. 그러나 얼마 지나지 않아 아이들과 돈 관리 문제를 놓고 다툼이 일어났고, 두 사람의 관계에 금이 가기 시작했다. 그는 "그녀의 주관심사는 출세였지만, 나는 인생을 즐기는 데 더 관심을 쏟았다"라고 썼다. 아내의 인색함과 위에 올라서려는 태도는 그가 바람을 피우기에 좋은 핑곗거리가 되었다. 마리 엘리자베트는 두 번이나 그를 떠났다. 〈나의 일대기〉에서 메네트라는 10여 명의 여성과 혼외정사를 했다고 고백했다. 뒷날 그는 "나는 항상 지루함에서 벗어날 수 있는 방법을 찾았다"고 회고했다.

그는 또 저명인사나 흥미로운 사람과 사귀는 것도 즐겼다. 파리는 지위와 재산에 관계 없이 거리나 공공장소에서 서로 어깨를 마주칠 수 있다는 점에서 다소 평등한 사회였다. 메네트라는 극장을 좋아하여, 밤이면 파리 북쪽에

18세기 중반에 만들어진 이 쟁반에 묘사된 테니스 선수들은 머리에 망사를 뒤집어쓰고 있다. 한 귀족의 설명처럼 '얼마 전에 머리카락을 곱슬하게 말고 향수를 뿌린 사람은 그것이 헝클어지는 걸 원치 않았기 때문'이다.

서 우아한 서쪽 지역으로 뻗어 있는 넓은 대로변 극장에서 상연되는 쇼를 보러 가곤 했다. 그는 배우 가스파르 타코네, 제작자 장 밥티스트 니콜레, 어릿광대 피에르 구를랭을 비롯해 유명한 인물들을 잘 알고 있었고, 무대 뒤로 그들을 찾아가거나 근처의 술집에서 함께 술을 마시기도 했다. 심지어는 교수형 집행인인 앙리 삼송도 알고 지냈는데, 그는 학자이자 민간요법 시술자이기도 했다. 메네트라가 마비증세로 고생할 때, 삼송은 처형된 지 얼마 안 된 죄수의 신체 부위로 만든 약으로 치료해주었다. 삼송은 또 메네트라의 옛 애인과 그 연인인 성직자의 매독도 치료해주었다. 메네트라는 그 사형 집행인에 대해 "직업만 제외한다면 점잖고 호의적이고 친절한 사람이었다"고 기록했다.

메네트라가 사귀었다고 주장한 사람 중에는 장 자크 루소도 있었다. 플라

장 랑포노가 운영한 술집 쿠르틸에서 흥청대고 있는 파리 시민들. 술집 굴뚝에 자기 초상화를 붙여 놓은 쿠르틸은 귀족이나 거지나 똑같이 대접했는데, 손님 중에는 신분을 숨기고 온 마리 앙투아네트도 있었다.

트리에르 가에 있던 루소의 하숙집에서 일하던 1770년에 루소를 만났던 것 같다. 루소는 1762년 파리 고등법원이 글 때문에 자신을 기소하자 영국에서 망명생활을 하다가 얼마 전에 돌아왔다. 자부심에 넘치던 그는 문인들이 개인 자선가의 도움을 받아 살아가던 관행을 버리겠다고 선언하고 귀족 고객을 위해 음악 악보를 베끼는 일을 하면서 얼마간 돈을 벌고 있었다.

대화를 하게 된 두 사람은 서로 정보를 교환하기 시작했다. 둘 다 가난한 장인의 아들로 태어났고(루소의 아버지는 제네바 출신의 시계 제조공이었다), 어린 나이에 어머니를 여의었다. 두 사람 다 아버지에게 반항하여 집을 떠나 여기 저기 방황하며 살았다. 또한 둘 다 사생아를 많이 낳았는데, 루소는 자신이 낳은 사생아에게 죄책감을 느낀 반면, 메네트라는 오히려 그것을 자랑스럽게 여겼다.

루소는 글에서 메네트라 같은 노동계층의 장인을 낭만적으로 묘사했다. 메네트라는 루소를 붙임성 있고 젠체하지 않는 친구로 생각했다. 두 사람은 친해졌고, 함께 산책을 나가곤 했다. "나는 근심에 잠긴 생각 깊은 사람을 보았다. 그는 멈춰 서서 나무 한 그루 한 그루를 살펴보았고, 내게 말을 거의 하지 않았다"라고 메네트라는 기록했다.

어느 일요일, 두 사람은 테니스 경기를 보러 샹젤리제로 갔다. 그 당시에는 한 팀이 5명으로 이루어져 있었고, 나무와 양피지로 만든 바투아라 부르던 채를 사용했다. 테니스를 구경하고 나서 그들은 라 레장스 카페에서 맥주를 마셨다. 얼굴은 26년이라는 나이 차가 났지만, 두 사람은 같은 옷을 입었다. "우리는 둘 다 회색 옷을 입고 세 줄의 컬이 있는 둥그런 가발을 썼다. 유일한 차이점은 그는 모자를 손에 들고 다닌 반면, 나는 늘 습관적으로 모자를 머리에 쓰고 다녔다는 점이다. 둘 다 같은 옷을 입고 있었지만, 지식의 폭은 같지 않았다. 그 차이는 낮과 밤만큼이나 컸다"고 메네트라는 기록했다.

카페에서 루소는 맥주 피처를 하나 주문하고는 메네트라에게 그 당시 유행하던 체스 게임을 하자고 했다. 메네트라는 게임 방법을 몰랐기 때문에, 대신에 체커(체스판에 12개의 말만 써서 하는 게임) 게임을 했다. 루소가 이겼다. 카페 안에 있던 사람들은 유명한 작가가 체커 두는 걸 구경하기 위해 몰려들었고, 심지어는 잘 보기 위해 대리석 식탁 위로 올라가는 사람도 있었다. 다음 일요일에 그 카페 주인은 루소와 메네트라를 들어오지 못하게 했다. 그 난리통에 식탁이 여러 개 부서졌기 때문이다.

메네트라는 구체제에 대한 루소의 반감에 공감했다. 루소와 마찬가지로 메네트라 역시 부자와 특권계급을 싫어했고, 교회에 반감을 보였다. 순회여행을 하는 동안 메네트라는 유대교와 개신교도 접했는데, 로마 가톨릭 교회가 지닌 재판권에 의문이 생겼다. 그는 모든 종교는 똑같이 가치가 있거나 아니면 가치가 없다고 생각했다. 그는 절대자의 존재는 믿었지만, 사제의 복사로 지낼 때 습득한 모든 신학적 또는 의식적 절차를 배격했다. "나는…… 지상의 어떤 존재도 자기 마음대로 하느님을 제단으로 부를 수 있다고는 절대로 믿지 않을 것이다."

계몽시대의 성상 파괴주의자들처럼 그는 이성을 믿었다. 성체는 그저 빵일 뿐, 다른 것이 될 수 없다고 생각했다. "우리는 심지어 빵 한 조각까지 숭배하면서 그것이 하느님이라고 믿고 먹는다. 우리는 하느님께 기도하고 경배한 뒤에 하느님을 만족시키기 위해 하느님을 먹어야 한다"고 그는 썼다. 그는 순회여행을 다니던 시절에 '빵 조합원'이라 부른 가짜 동업조합을 만든 이야기를 즐겨 하곤 했다. 그들은 세례와 성체를 익살스럽게 변형시킨 의식도 가졌다. "그것은 그저 함께 술을 마시고 음식을 나누고 웃고 즐기기 위한 것이었다."

이제 막 50대에 접어들어 좀더 조용한 삶을 살기 시작한 1789년, 메네트라가 늘 추구하던 자유와 형제애가 시험대에 올랐다. 그해에 메네트라와 온 파리 시민은 프랑스 혁명의 소용돌이에 휘말려들었다. "그토록 자주 되뇌던

189

자유라는 단어가 거의 초자연적 위력을 지니면서 우리 모두에게 활력을 불어넣었다." 메네트라는 시민군이 되어 1792년에 루이 16세를 전복하는 전투에 참여했다가 스위스 근위대의 칼에 맞아 거의 목숨을 잃을 뻔했다. 1790년에 파리는 40개의 선거구로 나뉘었는데, 그는 자기 지역의 의회에서 호전적인 투사였다. 그러나 시간이 지나면서 열정이 식기 시작했다. "프랑스 사람들은 피 냄새를 맡았다. 그들은 식인종과 다를 바 없었고, 정말로 사람을 잡아먹는 자들이었다. 냉혹하게 서로 이웃을 고발했다. 혈연도 잊혀졌다. 나는 그 끔찍한 시절을 두 눈으로 목격했다."

가장 믿었던 '온건한' 친구가 그를 고발하여 메네트라는 자기 구역의 의회에 소환되었다. 의회에서 무혐의로 풀려난 그는 자신이 저지른 과도한 행위나 뒤이은 공포정치에서도 살아남았다. 그는 뒷날 이렇게 회상했다. "나는 혁명이 끝나가는 것을 보았다. 그것은 끔찍한 교훈이었다."

## ESSAY _ 4 | "자유!"

여러 가지 사건과 부당한 행위가 복합적으로 작용하여 루이 16세의 통치시대는 막을 내리게 되었다. 대중 사이에 무소불위의 권력을 가진 군주제에 대한 불만이 점점 쌓여갔다. 그래도 정부는 계속해서 가난한 사람들에게 더 많은 세금을 매기는 한편, 전통적으로 특혜를 부여했던 성직자와 귀족 계급을 비롯해 부자들에게도 세금을 더 많이 부과하기 시작했다. 철학자들은 프랑스의 절대군주제와 특권계급은 자신들의 합

리적인 접근방법과 양립할 수 없다고 판단했다. 그러나 혁명에 가장 큰 촉매 역할을 한 것은 국가가 파산 직전에 이르렀는데도 왕에게 예산을 마련할 수단이 없었다는 사실이었다.

루이 16세와 그의 측근들은 귀족을 포함해 모든 토지

소유주에게 세금을 매기는 것과 같은 급진적 개혁을 단행하는 것만이 유일한 길이라고 판단했다. 당연히 귀족들은 반발했고, 여러 차례 대립한 끝에 결국 왕은 그 문제를 해결하기 위해 1614년 이래 한번도 소집된 적 없던 삼부회를 소집하기로 동의했다.

평민들은 삼부회가 열리길 열렬히 갈망했다. 그들은 프랑스 인구의 대다수를 차지했지만, 정치적 권력은 아무것도 없었다. 그들은 1789년 5월 5일로 예정된 삼부회가 진정한 정부개혁의 계기가 되길 기대했다. 그러나 그들은 곧 자신들의 목적(1793년에 글로 옮겨져 위의 문장에 새겨진 것, 곧 '공화국의 통합과 일치단결, 자유, 평등, 박애가 아니면 죽음을')을 달성하기 위해서는 혁명이 필요하다는 사실을 깨달았다.

# | 전제주의의 붕괴

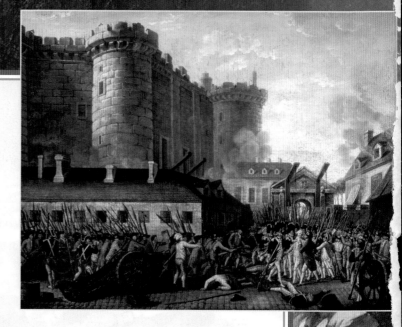

삼부회는 성직자 계급, 귀족 계급, 평민 계급을 대표하는 세 부로 나뉘어 있었다. 따라서 어떤 안건을 표결로 처리할 때, 평민 계급을 대표하는 제3부는 특권을 포기하지 않으려는 나머지 두 부에게 지게 돼 있었다. 그래서 평민 대표들은 문제를 자기들 손으로 해결하기로 결정했다. 1789년 6월 17일, 제3부 대표들은 자신들만으로 구성된 국민의회를 만드는 결의안을 통과시켰다. 그들은 제1부와 2부뿐만 아니라 왕의 권위에까지 도전장을 던진 셈이었는데, 왕은 즉시 해산을 명령했다. 그들은 왕의 명령을 거부하고 실내 테니스장에서 회의를 열어 새 헌법(오른쪽)을 만들 때까지 그곳에 계속 머물기로 맹세했다.

루이 16세도 결국 새 의회를 인정하고, 귀족과 성직자 대표들도 거기에 참여하라고 명령했지만, 자신의 권력을 나누어줄 의향은 전혀 없었다. 루이 16세는 군대에 베르사유와 파리로 진격하라는 명령을 내렸고, 시민들은 재빨리 민병대(국민군)를 조직하고, 총과 탄약을 구하기 위해 도시 전역을 돌아다녔다. 7월 14일, 화약을 구하러 다니던 한 무리가 오랫동안 전제주의의 상징으로 여겨져온 바스티유 감옥을 습격했다. 교도소장의 명령으로 수비대가 발포해 200여 명의 사상자가 발생했다. 얼마 뒤 반란을 일으킨 일단의 군인들이 대포를 가지고 국민군에 합류하자, 교도소장은 항복했다.

이 소식을 듣고 루이 16세가 "폭동이 일어난 것인가?" 라고 묻자, 측근이 "아닙니다, 전하. 이것은 혁명입니다" 라고 대답했다고 한다.

봉기를 일으킨 시민은 바스티유 감옥을 탈취하고 갇혀 있던 몇 안 되는 죄수를 풀어준 뒤 교도소장을 사로잡았다. 나중에 그의 머리는 잘려 승리의 표시로 꼬챙이에 꽂혀 효수되었다.

1789년 8월 26일, 국민의회는 프랑스 인권선언을 통과시켰고, 이것은 새 헌법의 토대가 된다.

# 왕정의 종식

　1789년 10월 5일, 파리의 여인들은 격앙했다. 왕이 의회의 개혁요구를 거부한데다가 풍작에도 불구하고 빵을 구하기가 힘들었기 때문이다. 마리 앙투아네트가 그 이야기를 듣고 냉담하게 "그럼 과자를 먹으라지"라고 말했다는 증거는 없지만, 이 일화는 일반 대중이 왕실을 얼마나 증오했는지 잘 보여준다. 분노한 6,000여 명의 여성들은 "빵을 달라!"는 구호를 외치며 베르사유로 행진했다. 거기에 국민군까지 가세하여 빵을 요구하며, 왕에게 파리로 돌아오라고 외쳤다. 왕은 그들의 요구를 수용했으나, 군중은 근위병 두 명을 죽여 왕실 가족(그리고 밀가루가 가득 실린 마차들)이 파리로 돌아오는 행렬을 호송할 때 그 머리를 꼬챙이에 매달고 왔다(위).

　왕은 튈르리 궁에 머물면서 경계를 늦추지 않았고, 의회는 헌법 제정에 착수하여 1791년 마침내 프랑스를 입헌군주제로 바꾸는 헌법을 채택했다. 그러나 그 뒤에 충돌이 계속 일어났고, 1792년 8월 10일 무장한 군중이 튈르리 궁을 공격했다. 의회는 표결을 통해 왕의 권한을 정지시키고, 루이 16세와 그 가족을 탕플 감옥에 감금했다.

　새 제헌회의는 그 달에 군주제를 폐지하고, 프랑스가 공화국임을 선포하는 헌법을 가결시켰다. 다음해 1월, 이제 마지막 왕 루이라고 불리던 루이 16세는 국민의 자유를 위협하는 반역을 도모한 혐의로 기소되었다. 그는 1793년 1월 21일 단두대에서 목이 잘렸고, 10월에는 마리 앙투아네트도 그 뒤를 이었다.

1792년, 파리 시민과 국민군이 튈르리 궁을 공격했다. 왕은 탈출했지만, 그의 측근과 호위병 800여 명과 시민 400여 명이 사망했다(오른쪽).

처형 집행인이 루이 16세의 머리를 보여주고 있다. 단두대는 혁명 초기에 처형을 좀더 인도적으로 집행하려는 목적에서 도입되었다.

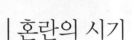

# | 혼란의 시기

　1792년 4월 이후 프랑스는 반혁명을 부추기던 오스트리아와 전쟁에 돌입했다. 1793년 2월, 프랑스는 영국과 네덜란드, 에스파냐에 대해 전쟁을 선포했다. 의회는 30만 명의 군인을 징집했지만, 경험이 많은 장교들은 혁명 초기에 군대를 떠난 사람이 많았고, 새 군대는 제대로 훈련도 받지 못했다. 게다가 총지휘관마저 파리에서 하달되는 지나친 간섭에 좌절한 나머지 1793년 4월 오스트리아로 투항하고 말았다. 프랑스 군은 완전히 지리멸렬 상태였다.

　혁명정부는 국경 안의 적과도 싸워야 했다. 서부지역의 방데주를 비롯해 일부 지방에서는 경제상황이 악화되었다. 그곳 시민들은 여러 혁명목표에 반발했고, 자신들이 지지하지 않는 목적을 위해 싸우려 하지 않았다. 1793년 3월, 그들은 국민군과 프랑스 군을 공격하기 시작했다.

　그러나 비록 일부 지역에서는 혁명이 좌절을 겪긴 했지만, 파리와 그밖의 지역에서는 장 폴 마라 같은 급진적 언론인과 상퀼로트(오른쪽 아래)라 불리던 가난한 노동자들의 지지에 힘입어 혁명을 지지하는 사람들이 대세를 장악했다. 상퀼로트 (sans-culottes: 상류층이 입던 반바지를 퀼로트라 부르는데, 그것을 입을 형편이 안 돼 긴 바지를 입었다 하여 상퀼로트라는 이름이 붙었다. sans은 영어의 without에 해당한다)는 직접 자기들 손으로 재판을 하기 시작했고, 점차 과격파가 득세했다.

라마르세예즈 악보 위에 군대가 노래를 부르며 행진하고 있다. 감정을 고조시키는 라마르세예즈는 10만 명의 군인을 징집시키는 위력을 발휘했다고 한다.

혁명을 이끈 언론인 장 폴 마라는 1793년 7월 욕조에서 칼에 찔려 죽었다. 그는 정치적 반대자를 가차없이 죽이라고 요구했다.

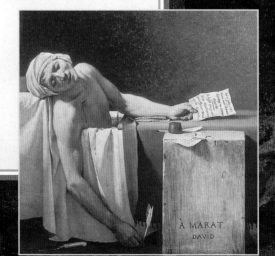

# | 공포정치

전쟁으로 인한 혼란과 혁명에 대한 저항에 맞서 정부의 힘을 강화하기 위한 법들이 통과되고, 질서를 회복하기 위한 위원회들이 설치되었다. 그중에서 전쟁 노력을 감독하기 위한 공안위원회를 이끈 사람이 막시밀리앙 로베스피에르였다. 변호사 출신으로 1789년의 국민의회 대표로 참여한 로베스피에르는 혁명을 이끈 지도자 중 한 명이었다.

의회는 또 반혁명 분자를 색출해 기소하기 위해 혁명재판소를 설치했다. 1793년 4월부터 1794년 5월까지 파리 혁명재판소는 2,750여 명을 재판에 회부해 사형시켰다. 열성적인 지방 혁명재판소들도 1793~1794년 겨울 동안에 4만여 명을 처형했다.

혁명재판소에 선 피고가 손가락질을 당하며 비난받고 있다. 1794년 6월 무렵에는 피고를 보호하는 법이 아주 미약하여 피고측에는 증인이나 변호사조차 허용되지 않았다.

봄이 오기 전에 로베스피에르는 이전의 지지자들에게도 등을 돌려 높은 물가와 낮은 임금에 불만을 제기하던 상퀼로트 지도자들을 체포했다. 그 다음에는 법무대신 조르주 자크 당통과 그 지지자들을 체포해 처형했다. 그 사건을 지켜본 어떤 사람은 당통과 그의 측근들은 "단두대의 작용을 멈추려고 시도했기 때문에 자신들이 그 칼날을 대신 맞았다"고 적었다. 6월의 대공포로 알려진 광란의 시기에 로베스피에르는 또 한 차례 피의 숙청을 일으켰는데, 6주일 동안 파리에서만 1,400여 명을 처형했다. 오른쪽 페이지의 그림은 단두대에 설 차례를 기다리고 있는 죄수들을 묘사한 것이다. 한 급진주의자는 끌려가면서 "오, 자유여! 그대의 이름으로 얼마나 많은 죄악이 저질러졌는가!"라고 절규했다.

공포정치 기간에 로베스피에르는 새로운 시민종교를 제안하고 '그 진정한 사제가……자연' 인 절대자 축제(아래)를 열었다.

# 혁명이 끝나다

대공포 때에는 명백히 부당하고도 모호하게 법을 적용하여 1주일 동안 200여 명이 처형당했다. 한여름이 되자 의회 대표자들은 로베스피에르에게 등을 돌렸고, 7월 27일에는 공개적으로 그를 비난했다. 한 사람은 "입을 닥쳐라, 살인자여! 네 입에서는 당통의 피가 흐르고 있고, 그것은 네 목을 막고 있다!"고 호통쳤다. 혼란이 뒤따랐다. 로베스피에르가 체포되고, 그를 구출하려는 시도가 실패로 돌아가자, 로베스피에르는 권총으로 자살을 시도했으나 턱이 부서지는 것으로 그쳤다. 다음날, 붕대를 감은 로베스피에르와 그의 추종자 80명이 처형당했다(오른쪽 페이지).

혁명을 이끌던 원동력이 죽었으나, 그와 함께 공포정치도 끝났다. 한동안 방향을 잃고 표류하는 시기가 잇따랐다. 죄네스 도레(jeuness dorée: '황금 젊은이'란 뜻으로, 돈 많고 멋진 젊은이, 왼쪽)가 무리를 지어 거리를 돌아다니면서 상퀼로트와 싸우고, 마라의 흉상을 파괴하고, 로베스피에르를 비난했다. 1795년 8월, 새 헌법에 따라 총재정부가 들어섰는데, 5인의 총재에게 입법기관을 능가하는 권한을 부여했다. 그러나 구체제 시절을 떠올리는 조처를 통해 오직 유산계급에게만 투표권을 주었다. 총재정부는 4년간 통치하다가 전선에서 군대를 끌고 돌아온 나폴레옹 보나파르트에 의해 1799년 11월 9일 무너지고 말았다. 나폴레옹은 혁명은 끝났다고 선언하고, 프랑스 왕의 권력과 맞먹는 전제정권을 수립했다.

나폴레옹의 표현대로 '포도탄을 한번 훅 뿜음으로써' 그의 군대는 프랑스 혁명의 마지막 폭력봉기를 진압했다.

나폴레옹의 야심과 인기에 경계심을 품은 의회는 1796년 그를 이탈리아 전선으로 내보냈다.

**갱게트(guinguette)** 정원이 딸린 노천 카페나 작은 술집.

**경찰청장** 경찰 총수. 파리에서 막강한 권력을 휘둘렀고, 주민의 안전과 삶의 질, 복지를 책임졌다.

**계몽주의** 낡은 사회적·종교적·정치적 개념을 거부하고, 이성의 힘을 믿은 철학적 운동.

**고등법원** 구체제 아래 법을 집행하고 최고 상고법원의 역할을 한 13군데의 법원. 왕의 칙령은 정식 법이 되기 전에 고등법원에 먼저 등록되었다. 고등법원은 세금을 부과하거나 법률을 제정하는 권한은 없었다.

**공작** 대공(왕자) 다음으로 높은 세습귀족.

**공작령** 공작의 영지.

**공포정치** 프랑스 혁명기간에 공안위원회가 정부를 이끌고, 혁명의 적으로 의심되는 사람을 닥치는 대로 체포해 무자비하게 처형한 시기. 특히 그 마지막 시기를 대공포라 부른다.

**과학 아카데미** 과학연구를 장려하기 위해 1666년에 설립한 국가 기구.

**구체제** 1789년 혁명이 일어나기 이전 프랑스에 존재한 정치사회 제도. 프랑스 어로 '앙시앙 레짐(ancien régime)'이라고 하며, 문자 그대로 낡은 체제라는 뜻이다.

**국민군** 프랑스 혁명 초기에 생겨난 파리의 시민 민병대.

**기침(起寢)** 왕이 침전에서 일어나 귀족들의 인사를 받는, 하루를 시작하는 의식.

**낭트 칙령** 위그노 교도에게 부분적으로 종교적 자유를 허용하는 내용을 담은 1593년의 칙령. 이로써 46년에 걸친 프랑스 내 종교전쟁이 끝났다. 그러다가 1685년 루이 14세가 낭트 칙령을 철회하여 개신교도의 종교적 자유와 시민의 자유를 모두 박탈했다.

**내실** 침실과 화장실, 욕실로 이루어진 여성의 거처.

**단두대** 사람의 목을 효율적으로 자르기 위해 개발된 처형기구. 2개의 수직기둥 사이에 무겁고 날카로운 칼날을 높이 들어올렸다가 자유낙하시켜 목을 자른다.

**데보(Dévots)** 18세기 프랑스에 있었던 보수적이고 극단적인 교파.

**동업조합** 직인을 위한 노동조합. 프랑스에는 동업조합이 세 개 있었다.

**라마르세예즈** 1792년 대오스트리아 전쟁에 참전하던 군인들의 행진곡으로 만들어진 프랑스 국가. 마르세유의 혁명가들이 파리로 전파시켰다. 1795년에 의회에서 국가로 제정했다.

**라이덴 병** 전하를 저장하는 데 사용하는 병.

**랑스크네(lansquenet)** 18세기 프랑스에서 유행하던 카드 게임.

**랭팜(l' infâme)** 가톨릭 교회와 그 지지자들이 조장하거나 행한 종교적 미신과 불관용에 대해 볼테르가 붙인 이름. '비열한 짓'이란 뜻.

**루브르** 18세기에 파리에 있던 왕궁. 지금은 국립 박물관 및 미술관으로 사용된다.

**리브르(livre)** 옛날에 사용한 프랑스 화폐 단위. 원래는 은 1파운드에 해당하는 가치를 지녔다.

**머슈(monsieur)** 남성의 이름이나 직위 앞에 붙이거나 단독으로 사용하여 상대를 존경하는 뜻을 나타내는 호칭. 영어의 Mr.나 sir에 해당한다.

**몽세뇌르(monseigneur)** 대공이나 고위 성직자를 부를 때 존경을 표시하기 위해 붙이는 호칭. 각하 또는 예하에 해당한다.

**무슈(mouche)** '파리'라는 뜻으로, 시민들이 경찰에 고용된 정보원을 일컫던 말.

**미터** 1791년 프랑스 과학 아카데미가 구체제의 도량형을 대체하기 위해 선택한 길이 단위. 지금은 국제적으로 사용되고 있다.

**바스티유** 파리에 있던 중세시대의 요새로, 17~18세기에 감옥으로 사용되면서 전제군주제의 상징으로 여겨졌다. 1789년 7월 14일 파리 시민이 이 감옥을 공격한 사건은 프랑스 혁명의 도화선이 되었다. 나중에 혁명정부가 철거했다.

**바케**(baquet) 메스머가 한 번에 30명까지 '자화' 시키는 데 사용한, 뚜껑이 달린 큰 욕조.

**바투아**(battoir) 18세기에 사용한, 나무와 양피지로 만든 테니스 채.

**백과전서파** 〈백과전서〉 편찬에 기여한 프랑스 계몽주의 철학자들.

**백작** 후작 아래의 귀족 계급.

**베르사유** 17세기 중반에 루이 14세를 위해 파리 남서쪽에 지은 궁전.

**봉인장**(lettre de cachet) 왕의 옥새가 찍힌 편지로, 받는 사람은 거기에 적힌 명령에 복종해야 한다. 대개 편지를 받는 사람을 재판 절차 없이 무한정 투옥하는 내용이 적혀 있었기 때문에 사실상 '체포영장' 또는 '구속영장'에 해당했다.

**부르주아**(bourgeois) 원래는 성벽으로 둘러싸인 읍이나 도시 안에 사는 사람을 가리키는 말이었으나, 나중에는 중산층을 가리키는 말로 쓰이게 되었다.

**부르주아지**(bourgeoisie) 중산층인 부르주아 계급. 사회적 신분은 귀족보다는 낮지만, 노동자 계급보다는 높았다.

**부역** 농민이 영주나 군주를 위해 제공해야 했던 무보수 노동. 일종의 세금이나 마찬가지였다.

**빛의 세기** 계몽주의 시대를 일컫는 말. 철학자들이 자신들이 주도한 계몽시대에 붙인 말이다.

**사혈**(瀉血) 치료 목적으로 환자의 정맥을 절개하여 피를 뽑아 내는 것.

**살롱 주인** 자신의 살롱에서 정기적인 사교 모임을 주재하는 여성.

**살롱**(salon) 손님을 접대하기 위한 커다랗고 우아한 방. 지식인과 예술계 인사, 정치적 명망가 등이 정기적으로 살롱에 모여 토론을 나누었다.

**삼부회** 혁명 이전의 프랑스에서 성직자, 귀족, 평민 계급을 각각 대표하는 세 부로 이루어진 의회.

**상퀼로트**(sans-culotte) 프랑스 혁명 기간의 급진적인 공화파 행동대원들. 주로 노동자와 장인 계급 출신으로 구성되었는데, 상류층이 입던 반바지인 퀼로트 대신에 긴 바지를 입었기 때문에 상퀼로트라는 이름이 붙었다.

**서 페이 시**(ce pays-ci) 본디 뜻은 '이 나라'이지만, 프랑스 귀족들이 자신들과 그들의 사회 및 주변을 가리키는 말로 사용했다.

**섭정** 왕이 어리거나 왕위에 없거나 하여 권한을 행사할 수 없는 상태일 때, 왕을 대신해 정사를 담당하는 사람.

**스위스 근위대** 혁명 이전의 프랑스에서 왕을 호위하던, 스위스 출신의 병사들로 이루어진 정예 근위대.

**심문** 구체제에서 고문을 곁들여 피의자를 조사하던 절차. 보통심문과 특별심문 2가지가 있었는데, 보통심문에서는 팔과 다리를 길게 잡아늘여 관절을 빠지게 하고, 특별심문에서는 강제로 18ℓ나 되는 물을 먹여 피의자의 몸을 두 배로 불렸다.

**오트 부르주아지**(haute bourgeosie) 중산층 중에서도 상류층. 귀족과 맞먹거나 그 이상의 재산을 가진 금융업자나 그밖의 전문직

종사자로 이루어져 있었으며, 종종 귀족가문과 결혼하기도 했다. 흔히 대(大)부르주아지라고 번역한다.

**옹브르**(ombre)  17~18세기에 유럽에서 유행한 카드 게임. 52장의 카드를 사용해 세 사람이 게임을 한다.

**왕권신수설**  왕은 신성한 존재이며, 그 권력과 권위는 신에게서 부여받았으며, 왕의 행위는 지상의 어떤 권력에 대해서도 책임을 지지 않는다는 이론.

**왕세자**  왕의 장남. 프랑스에서는 1349년부터 1840년까지 도팽(dauphin)이라는 호칭을 사용했다.

**위그노**(Huguenot)  16~17세기의 프랑스 신교도. 교리와 공화국과 비슷한 내부조직 때문에 가톨릭 교회와 프랑스 정부로부터 탄압을 받았다.

**입헌군주제**  통치자의 권력이 헌법에 규정된 범위로 제한되는 형태의 군주제.

**절대군주제**  개인적으로 절대적인 권위와 임의적인 권력을 휘두르는 세습군주가 통치하는 국가.

**제1부**  삼부회에서 성직자 계급의 대표들로 이루어진 기구.

**제2부**  삼부회에서 귀족 계급의 대표들로 이루어진 기구.

**제3부**  삼부회에서 평민 계급의 대표들로 이루어진 기구.

**죄네스 도레**(jeuness dorée)  '황금 젊은이'란 뜻으로, 공포정치가 끝난 뒤 결성된 우익 청년조직으로 옷을 잘 입고 다닌 무리. 로베스피에르와 자코뱅 당원을 비난하고 거리에서 상퀼로트를 공격했다.

**지방장관**  1640년부터 1789년까지 프랑스의 30개 주에서 왕의 임명을 받아 각 주를 통치한 행정관. 지방관리와 귀족의 권력을 제한하는 역할을 했다.

**직인**  원래는 일용노동자를 가리켰지만, 나중에는 어떤 분야에서 도제기간을 마치고 아직 마스터가 되지는 못했지만 다른 마스터 밑에서 일할 자격을 얻은 사람을 가리켰다.

**철학자**  원래는 철학을 연구하는 학자를 말하지만, 이 책에서는 18세기 프랑스 계몽주의와 관련된 철학, 정치, 과학, 사회 사상가와 작가를 가리킨다. 그들은 사회적·경제적·문화적·정치적 개혁을 지지했다.

**총재정부**  프랑스 공화정에서 5인의 총재로 이루어진 행정부. 1795년 헌법에 따라 설치되었지만, 힘이 없었고 부패했다.

**칙허**  어떤 사람이나 집단에게 어떤 행동을 취하거나 특정 임무를 수행하라고 왕이 내리는 명령.

**칼뱅 파**  장 칼뱅이 주장한 교리를 따르는 사람들. 칼뱅 파는 하느님의 전지전능과 예정설, 오로지 하느님의 자비를 통해서만 선민으로 구원받을 수 있다는 교리를 강조한다.

**코메디 프랑세즈**  1680년에 창설된 프랑스 국립극단.

**쿠셰르**(coucher)  잠자리에 드는 것. 프랑스 왕의 경우, 하루 중 마지막에 치르는 공식적 의식 절차이다.

**테아트르 데 프티 카비네**(théâtre des petits cabinets)  '작은 내각 극장'이란 뜻으로, 퐁파두르 부인이 작은 무대를 마련해 놓고 궁정 신하들을 배우나 음악가로 출연시켰다.

**파니에**(pannier)  후프 스커트. 앞뒤 방향으로는 납작하지만, 양 옆쪽으로는 2.7m까지 뻗어 있는 속치마.

**팡도라**(pandora)  최신 궁정패션의 옷을 입혀 파리와 그밖의 도시로 보내 복제하게 한 나무인형.

**팡테옹**  파리에 있는 국립묘지. 처음에는 교회로 지어졌지만, 혁명

기간에 나라를 위해 목숨을 바친 사람이나 애국자의 시신을 묻고 기념하는 전당이 되었다.

**프랑스 아카데미**  1635년에 리슐리외 추기경이 설립한 문학 아카데미. 문학활동을 장려하고, 프랑스 언어의 순수성을 지키는 일을 했다.

**프롱드의 난**  프랑스에서 1648년부터 1653년까지 마자랭 추기경의 정책에 대한 반대에서 촉발된 일련의 내전.

**프리메이슨 단**  18세기에 국제적으로 널리 확산된 우애조직. 결사의 자유와 계몽주의의 철학적 · 정치적 사상과 이념을 전파하는 수단을 제공했다.

**프티트 부르주아지**(petite bourgeoisie)  중산층 중에서 하류층.

수입이 그다지 많지 않은 영세 자영업자, 상인, 장인 등이 포함되었다. 흔히 소(小)부르주아지라고 번역한다.

**플로지스톤**(phlogiston)  어떤 물질이 연소할 때 그 물질에서 빠져나가며, 호흡과 관련이 있다고 생각되던 성분. 나중에 산소가 발견되어 연소가 산소와 결합하는 반응으로 설명되자, 플로지스톤 설은 사라지고 말았다.

**혁명재판소**  혁명의 적, 그중에서도 특히 귀족, 성직자, 반혁명 분자를 처단하기 위해 국민의회가 설치한 재판소.

**후작**  공작보다 낮고 백작보다 높은 귀족 계급.

옮긴이_이충호 서울대학교 사범대학 화학과를 졸업하고 현재 과학 전문 번역가로 활동하고 있다. 옮긴 책으로는 《이야기 파라독스》《사이언스 오딧세이》《과학사 속의 대논쟁》《자연의 유일한 실수, 남자》《우주의 발견》《최초의 인간 루시》등 다수가 있다. 2002년에 《신은 왜 우리 곁을 떠나지 않는가》로 한국과학기술도서 번역상을 수상했다.

## *What Life Was Like* 이성의 시대

초판 1쇄 펴낸 날 _ 2005. 5. 30

지은이 _ 타임라이프 북스
옮긴이 _ 이충호
펴낸이 _ 이광식
편  집 _ 곽종구 · 오경화 · 김지연          영  업 _ 박원용 · 조경자
펴낸곳 _ 도서출판 가람기획          등  록 _ 제13-241(1990. 3. 24)
주  소 _ (121-130)서울시 마포구 구수동 68-8 진영빌딩 4층
전  화 _ (02)3275-2915~7          팩  스 _ (02)3275-2918
전자우편 _ garam815@chollian.net          홈페이지 _ www.garambooks.co.kr

ISBN 89 - 8435 - 188 - 1 (04900)
        89 - 8435 - 172 - 5 (set)
ⓒ 가람기획, 2005

* 값은 뒤표지에 있습니다.
* 잘못된 책은 구입한 서점에서 바꿔드립니다.

* 서점에서 책을 살 수 없는 독자들을 위해 우편판매를 하고 있습니다.
  수    협  093-62-112061(예금주:이광식)
  농    협  374-02-045616(예금주:이광식)
  국민은행  822-21-0090-623(예금주:이광식)